ABDIJ · ABBAYE
Urthel
SUPERIOR
FOUNDED IN
REGISTERED TRADEMARK
SINCE 2000
WWW.URTHEL.COM
7
FARMHOUSE A
Blanche · Faro · Framboise · Kriek · Oude Gueuze · Oude Kri
TIMMER
"The World's Oldest
1702
anthonymar
FUNDATIS
ABBAYE D'AULNE
BIÈRE BELGE D'ABBAYE
BAPBAP - BRASSÉE À PARIS, BUE À PARIS
BAPBAP
5011 Paris
www.bapbap.paris
BIÈRE D'ANTIBES
B06
CÔTE D'AZUR
FARO Lindemans
Vous allez boire ce que vous allez boire.
Lambic
TRAPPIST
BENN
Stift
engelszell
BRINGING TASTE TO THE NATION
HOBGOBL
WYCHWOODBREWERY
12
Abt
St Sixtus
PAULANER

OPERATION SUR LA GAMME "BIERE DES SANS CULOTTES"
2 ACHETEES + 1 OFFERTE SUR LA MEME REFERENCE
Marshall
Pietra
Donjon
Mont des Cats
SOUR NOISE
BLANCHE
Gavroche
TOUSSAINT
Quilmes
VINTAGE
JET LAG
PAULANER
BREWDOG NANNY STATE
ERDINGER
PALM
VOLGA
CRAZY HOPS
Page 24

LES 300 MEILLEURES Bières

DE FRANCE, DE BELGIQUE ET D'AILLEURS

Julie Fichelle
Photographies d'Alix Marnat

Les 300 meilleures Bières

de France, de Belgique et d'ailleurs

LAROUSSE

BIÈRES DU MONDE

ZOOM SUR ...

INTRODUCTION

Tout a commencé en 1976. À l'époque, mes parents venaient d'ouvrir l'Utopia, un café-concert situé rue de Gergovie, dans le XIVe arrondissement à Paris. Ils y proposaient des bières spéciales, qu'il était alors très difficile de se procurer. Comme il n'y avait pas de grossiste en région parisienne, ils partaient en camion se fournir eux-mêmes dans le nord de la France, en Belgique, en Hollande, en Allemagne et même en Grande-Bretagne. Au fil des allers-retours, les caisses et les fûts ont fini par envahir la cave du café. La situation n'était plus tenable, il fallait absolument un local pour entreposer le stock. Ils l'ont découvert au 50 rue de l'Ouest, toujours dans le XIVe arrondissement. Ce quartier, situé derrière la gare Montparnasse, était alors en voie de réhabilitation. Immeubles vétustes et maisons croulantes étaient voués à disparaître, mais en attendant on pouvait facilement dénicher un pas de porte au loyer raisonnable. Une fois la boutique trouvée, mon père a installé des étagères, ma mère a peint les murs en marron et la devanture en rose fuchsia. Il leur restait à choisir un nom, ils se sont décidés pour « Bootlegger's »*. À force de franchir les frontières dans un camion bourré à craquer de bière, sous l'œil soupçonneux des douaniers, mes parents se sentaient un peu comme des trafiquants au temps de la prohibition ! Rue de l'Ouest, la boutique rose ne passait pas inaperçue. Les gens du quartier entraient, demandaient s'ils pouvaient acheter et... le stock de l'Utopia a fini par se transformer en cave à bières, ouverte quelques heures par jour.

** En réalité, ce néologisme serait né pendant la Guerre de Sécession, quand les soldats cachaient des flasques d'alcool de contrebande dans leurs bottes (boot), contre leurs jambes (leg). Pendant la prohibition, entre 1919 et 1933, l'expression est revenue à la mode, le nombre de trafiquants, de gangsters et de distillateurs clandestins s'étant multiplié avec le 18e amendement interdisant la fabrication et la commercialisation d'alcool.*

En 1985, mes parents vendent : changement de décor, de propriétaire et de nom ! Bootlegger, délesté de son s apostrophe, déménage quelques numéros plus loin, au 82 rue de l'Ouest, avec Christian Boutroux aux commandes. Il réinstalle les étagères, peint l'intérieur en marron, mais opte pour une devanture bordeaux avec des panneaux décoratifs à l'ancienne, plus chics que le fuchsia. Pendant 26 ans, Christian y vendra des bières spéciales, pour la plupart rapportées de Belgique, et des whiskys triés sur le volet. En quelques années, Bootlegger devient une adresse incontournable que tous les biérophiles parisiens et étrangers s'échangent, l'œil brillant et les papilles en alerte. Il faut dire qu'à l'époque, les caves à bières ne sont pas légion et les microbrasseries ne sont pas encore à l'ordre du jour.

Quand la brasserie québécoise Unibroue a voulu se faire connaître en France, entre 1992 et 1994, c'est à Bootlegger que ça s'est passé. Le chanteur Robert Charlebois, actionnaire de la société, a débarqué rue de l'Ouest, dans une petite voiture bourrée de caisses de bière pour livrer lui-même la marchandise ! Une photo le montre avec Christian Boutroux et Jean-Claude Lemaire, fondateur d'Unibroue, dans la boutique.

En 2011, le propriétaire des lieux atteint l'âge de la retraite, c'est alors que j'entre en scène. La bière, j'ai commencé à l'aimer vers l'âge de 18 ans, mais je ne me suis découvert une passion pour ce divin breuvage que plus tard. J'ai d'abord passé un bac pro de comptabilité et fait mes armes dans la restauration, où j'ai rencontré mon mari. La véritable révélation de mon amour inconditionnel pour les saveurs, la diversité et les subtilités de la bière est survenue en 2008. Christian (qui m'a connue au berceau) m'a aidée à parfaire mes connaissances brassicoles, il a éduqué mon palais en me faisant goûter des sélections préparées par ses soins, puis m'a proposé de lui succéder. Après plus d'un an passé avec lui à Bootlegger, en 2013, j'ai repris les rênes et suis devenue propriétaire de cette boutique, créée 37 ans plus tôt par mes parents !

INTRODUCTION (SUITE)

Nouvelle propriétaire, nouveaux défis : j'ai modernisé les installations, ajouté des centaines de références à la gamme existante, construit de nouvelles étagères pour accueillir un choix allant de la bouteille de 25 cl au salmanazar (9 litres) et des verres dédiés à chaque type de bière, j'ai aussi créé un salon de dégustation ouvert sur réservation, et puis j'adore recevoir et conseiller la clientèle… Le changement est là, mais l'esprit Bootlegger demeure. Avec mon mari, nous continuons les allers-retours en Belgique, en général le lundi, pour dénicher les pépites qui raviront nos clients. Nous en profitons pour rapporter nos bouteilles, nos voisins d'outre-Quiévrain ayant un système de consigne leur permettant de les réutiliser – une pratique écologique qui mériterait d'être remise à l'ordre du jour en France.

Est-il besoin de dire que les voyages et les rencontres sont une source d'enrichissement perpétuelle ? Elisabeth Pierre fait partie de ces merveilleuses rencontres, elle m'a ouvert de nouveaux horizons et fait découvrir la biérologie – ou zythologie (bière se dit *zythos* en grec ancien) –, l'équivalent de l'œnologie, mais dans le domaine de la bière. Connaisseuse hors pair de tout ce qui touche à ce breuvage, cette femme, qui est à la fois biérologue, formatrice et écrivain, a également créé le Club Bierissima, un espace dédié aux femmes actives dans ce milieu, aujourd'hui encore très masculin (mais les choses changent). Grâce au Club, brasseuses, cavistes, responsables de bar ou chefs ont davantage de facilités pour faire connaître leur travail et rencontrer d'autres passionnées. On ne le sait pas toujours, mais, depuis la plus Haute Antiquité jusqu'au début du Moyen Âge, les femmes ont fabriqué la bière et ce sont elles qui, aujourd'hui, participent pour beaucoup à l'essor de la brasserie artisanale.

Dans ma sélection, j'ai choisi de présenter des créations de Solène Ronnaux-Baron (Brasserie B06), Clémence Thibord (Brasserie Thibord), Anne-Catherine Sailly (Brasserie des Fontaines) ou Blandine Collin (Brasserie bières bio Mont d'Or), des brasseuses adhérentes au Club Bierissima qui sont aussi des amies. Ces passionnées sont constamment en quête de nouvelles recettes, utilisant de préférence des produits locaux, dans le seul but de réjouir nos papilles.

Les bières proposées dans cet ouvrage figurent en grande majorité sur les étagères de Bootlegger, mais il y a aussi quelques coups de cœur récents dénichés au cours de mes dégustations et de mes voyages. Tous les pays et tous les styles sont représentés. Vous trouverez de grands classiques, des intemporels, des bières d'hier et de demain, des musts de brasseries réputées et des bijoux issus de microbrasseries encore confidentielles !

Maintenant, à vous de jouer et de vous faire votre opinion. Goûtez, testez et n'hésitez pas, quand vous entendez parler d'une brasserie à côté de chez vous ou en voyage, à aller découvrir par vous-même ces créations parfois surprenantes.

Julie Fichelle

Bières

BELGES

DELIRIUM
tremens
FAMILY BREWERY
BRASSERIE FAMILIALE
HUYGHE
SINCE / DEPUIS 1654
BLACK
{C}
CAT. S

3 FONTEINEN OUDE GEUZE

Brasseur : **Brasserie Drie Fonteinen (Beersel)**

Catégorie : **lambic**

Alcool : 6 %

Cette gueuze ravira les amoureux de la tradition. Drie Fonteinen se présente comme un assembleur de lambics (ou un coupeur) sur ses étiquettes. Ses bières sont donc un mélange de différents lambics provenant de chez Boon, Girardin et Lindemans et, depuis 1999, de la brasserie elle-même. Non filtrée et non pasteurisée, la bière est fabriquée à partir d'un assemblage de lambics âgés de 1, 2 et 3 ans, puis vieillie en fûts de chêne. C'est ce qui lui donne ses notes boisées, réveillées par des arômes bienvenus de pomme et d'agrumes. On notera enfin sa fine mousse et sa franche acidité qui finira de convaincre les connaisseurs.

ABBAYE D'AULNEE CUVÉE ROYALE

Brasseur : **Brasserie de l'abbaye d'Aulne (Gozée)**

Catégorie : **abbaye**

Alcool : 9 %

La tradition brassicole de l'abbaye d'Aulne remonte au Moyen Âge, mais ce n'est qu'après bien des vicissitudes et des déménagements que la production a réintégré le site d'origine. La brasserie actuelle, ouverte en 2000, est installée dans les anciennes écuries de l'abbaye, où elle produit cette brune à la robe cuivrée, liquoreuse, couronnée d'une abondante mousse beige. Ses chauds parfums de café, de rhum et d'épices (touche de cumin) charment l'odorat et un corps intense, nourri de voluptueux arômes de caramel relevés d'une pointe de houblon épicé, enchante les papilles. L'arrière-goût est puissant et persistant. Cette bière ravira les amateurs de brunes fortes qui l'associeront au foie gras, à des viandes rouges et des fromages goûteux. Pour exprimer son caractère, servez-la entre 10 et 12 °C.

ACHEL BLONDE

Brasseur : **Abbaye de Notre-Dame de Saint-Benoît (Hamont-Achel)**

Catégorie : **trappiste**

Alcool : **8 %**

L'abbaye, fille de Westmalle, a été fondée en 1850, avec une production brassicole qui était alors destinée aux moines. L'activité, stoppée en 1914 pour cause de guerre, a repris en 1998, mais la bière est toujours fidèle aux traditions trappistes, avec une recette élaborée par frère Thomas, déjà brasseur à Westmalle, Westvleteren et Orval.

Une magnifique mousse abondante, légère et persistante couronne cette blonde à la robe cuivrée. Ronde et douce au nez comme au palais, elle développe des arômes de raisin mûr et d'abricot. En bouche, même si des notes de pamplemousse équilibrent la rondeur des fruits mûrs, la douceur maltée et miellée domine l'ensemble. On la boit entre 8 et 12 °C, avec une tarte à l'abricot dont l'acidité corrigera le goût un peu sirupeux.

ANTIEK BLONDE

Brasseur : **Brasserie Deca (Woesten-Vleteren)**

Catégorie : **ale**

Alcool : **8 %**

L'Antiek Blonde est une bière de haute fermentation, brassée à l'ancienne (d'où son nom) avec refermentation en bouteille. Elle est non filtrée et non pasteurisée.

Au verre, sa robe d'or aux reflets de feu est limpide et se pare d'une abondante mousse blanche à la consistance crémeuse. Moyennement houblonnée au nez, elle dégage des notes de fruits confits et de fruits mûrs, avant des arômes maltés et légèrement herbacés. Au palais, les pointes sucrées de prune se font plus discrètes, le goût de malt est équilibré par une amertume en fin de bouche et une discrète astringence. Cette blonde, à l'amertume contrôlée, se sert en apéritif et avec des fromages affinés, à une température de 5 à 7 °C.

ADRIAEN BROUWER

WINTER WOOD

Brasseur : **Brasserie Roman [Oudenaarde]**

Catégorie : **bière de Noël**

Alcool : 10 %

La brasserie a été créée en 1545 dans les locaux d'une auberge sur la route entre l'Allemagne et la France, ce qui en fait la brasserie familiale la plus ancienne de Belgique. Elle est dirigée depuis sa création par la famille Roman et actuellement, c'est la 14e génération qui est à la tête. Elle fait partie de l'association brassicole «Belgian Family Brewers». La base de cette bière, Adriaen Brouwer Dark Gold, a été brassée entre les deux guerres et se nommait alors la Brune Roman d'Oudenaarde. C'est en 2003 que la brasserie l'a renommée Adriaen Brouwer en hommage au peintre flamand né à Oudenaarde.

Sa robe brun foncé est surmontée d'une mousse blanche épaisse, un aspect riche qui augure très justement des qualités de cette somptueuse bière de Noël.

On sent d'abord les malts grillés et de caramel ainsi que de fruits secs avec une belle présence d'alcool. À la dégustation dominent toujours le malt et le caramel, des saveurs boisées et d'épices sont aussi ressenties, accompagnés des saveurs du whisky – l'édition limitée de 2017 a vieilli en fûts de whisky. La finale est douce et gourmande.

Bière d'hiver par essence, elle est appréciée, aux alentours de 8 °C, en digestif, mais elle peut également accompagner des fromages ou desserts au chocolat.

Adriaen Brouwer
— Winter Wood 2017 —
Adriaen Brouwer
AB

ARABIER

Brasseur : Brasserie De Dolle (Esen)

Catégorie : ale

Alcool : 8 %

C'est l'histoire de trois hommes, Romeo Bostoen et les frères Kris et Dr. Jo Herteleer, qui partagent les mêmes passions, celles du sport et de la culture de la bière. Ensemble, ils réhabilitent la brasserie abandonnée de Esen. C'est ainsi que Dolle Trotters (coureurs fous), nom du petit club de cyclisme local, est devenu Dolle Brouwers (les Brasseurs Fous). L'Arabier est une bière artisanale refermentée en bouteille au goût évolutif. Elle est brassée avec des fleurs de houblon Nugget venant de Poperinge en Belgique. Elle se déguste rapidement, car l'amertume du houblon a tendance à décliner avec l'âge. Cette blonde dorée dégage d'intenses arômes de houblon qu'on retrouve à la dégustation, rattrapés par des notes fleuries et fruitées. L'arrière-goût, un peu alcoolisé, est d'une belle longueur. Les amateurs de triple belge la dégusteront aux alentours de 10 °C.

AREND TRIPEL

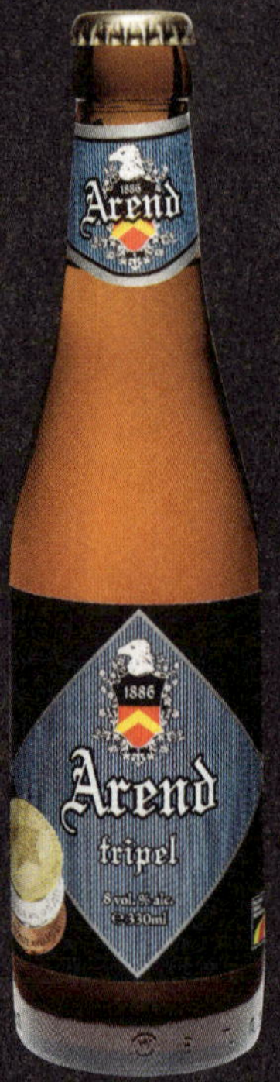

Brasseur : Brasserie de Ryck (Herzele)

Catégorie : triple

Alcool : 8 %

L'Arend Tripel a remporté de nombreuses distinctions, et c'est mérité car cette blonde a du répondant ! On aime sa robe cuivrée, un peu voilée avec une belle effervescence, sous une mousse ivoire épaisse et persistante. Au nez, elle séduit par ses arômes de caramel et de malt, relevés d'épices et de coriandre. Saveurs qui se retrouvent au palais avec de légères pointes acides de malt et de fruits. La finale est sèche et épicée sur une amertume modérée et longue. L'Arend ravira l'amateur de triple épicée et corsée. Plaisante à l'apéritif, elle s'accorde bien avec les fromages puissants. C'est aux alentours de 6 à 8 °C qu'elle exprimera tout son potentiel.

AVERBODE

Brasseur : **Brasserie Huygue (Melle)**
Catégorie : **abbaye**
Alcool : 7,5 %

L'abbaye d'Averbode a exercé une activité brassicole jusqu'au début du XXe siècle. En 2013, les chanoines prémontrés ont passé un accord avec la brasserie Huygue, l'autorisant à produire la bière Averbode. Résultat : une blonde à la robe d'or jaune légèrement voilée, finement effervescente sous son aérienne mousse blanche. Elle dégage de beaux arômes de levure avec des notes de citron discrètement sucrées. Ces goûts se retrouvent en bouche, accompagnés de saveurs de pain frais et de coriandre, avec une finale houblonnée et maltée. La fraîcheur et la puissante amertume florale de l'Averbode viennent de son brassage en multigrains (malt d'orge, avoine, épeautre) et surtout de son houblonnage à cru. On la boit aux alentours de 7 °C à l'apéritif, avec un dessert, du fromage ou une viande blanche.

BARBAR 140 ANS CUVÉE SPÉCIALE

Brasseur : **Brasserie Lefebvre (Quenast)**
Catégorie : **ale**
Alcool : 8 %

Cette bière, brassée en quantité limitée, utilise du miel de fleur d'oranger, une originalité par rapport à la recette traditionnelle. Une nouvelle expérience gustative créée pour célébrer, en 2016, les 140 ans de la brasserie et les 20 ans de la Barbar.
On aime l'or jaune de sa robe et son col de mousse blanche, autant que ses arômes de malt grillé, de caramel et de miel qu'on retrouve en bouche, associés aux fruits, à l'orange et au sucre. Moelleuse, elle marie subtilement acidité et douceur. Cette bière est brassée avec du miel de fleur d'oranger, plus parfumé et moins sucré que le miel toutes fleurs de la recette originale, mais il faut aimer le miel. Elle accompagne bien les desserts, comme les tartes aux fruits ou les crêpes, et se sert fraîche, entre 4 et 6 °C.

BARBE NOËL

Brasseur : Brasserie Verhaeghe (Vichte)
Catégorie : bière de Noël
Alcool : 7,2 %

La brasserie Verhaeghe Vichte a été fondée dans cette commune de Flandre-Occidentale par Paul Verhaeghe, en 1885. C'était à l'origine une brasserie-malterie.

Voilà une Barbe blonde dont la couleur dorée, la belle effervescence et l'abondante mousse dense et blanche attirent l'œil. Le nez est aussi séduit par ses arômes d'épices (notamment de coriandre), de caramel, de fruits et d'un soupçon de bois. À l'attaque, le corps est huileux avec des saveurs de malt doux-amer ; des goûts de fruits, de caramel et de levures se font sentir en milieu de bouche, tandis que la finale révèle une amertume astringente légèrement épicée. C'est l'une des rares bières blondes de Noël présentes sur un marché envahi par les brunes et les ambrées. Légère et tonique, elle ouvre l'appétit avant un repas de fête. Servie entre 8 et 10 °C et dégustée au coin du feu, elle est un vrai cadeau !

BLACK C

Brasseur : Brasserie C (Liège)
Catégorie : imperial stout
Alcool : 8 %

La Black C est garantie non pasteurisée, non stérilisée et non filtrée. C'est une Guinness à la mode liégeoise. La robe est d'un noir profond traversé de reflets rouges, la mousse crémeuse couleur café au lait. Elle dégage des arômes de malt grillé et de moka sur une pointe de caramel. La texture est lisse, les papilles détectent des saveurs de chocolat noir, de malt torréfié, d'épices, de caramel et de liqueur dans un ensemble d'une subtile amertume. La finale sera chocolatée, harmonieusement amère. C'est une brune pour ceux qui aiment les brunes sans l'arrière-goût de pétrole de certains stouts. Elle saura s'imposer sur une viande braisée ou du gibier, comme sur une glace à la vanille ou des crêpes au sucre, surtout si vous la servez entre 8 et 10 °C.

BERTINCHAMPS BRUNE

Brasseur : **Ferme-brasserie de Bertinchamps (Gembloux)**

Catégorie : **porter**

Alcool : 8 %

Cette brasserie est une affaire de famille. Autour de Benoît Humblet, le maître brasseur, travaillent de concert sa femme et ses quatre enfants. L'étiquette représente simplement un grand B (comme Bertinchamps, comme Belgique, comme Bière ou comme Benoît). Les bières originales de la brasserie sont reprises comme Belgian Beer of Wallonia, protection accordée par l'Agence wallonne pour la promotion d'une agriculture de qualité. Sa belle robe noire est coiffée d'une mousse crémeuse et très légèrement compacte. S'en dégagent l'odeur du café, une touche torréfiée et la douceur du moka. À la dégustation, on est séduit par sa rondeur avec une entame assez douce par les malts ; pas d'acidité, mais une note de fumé. On termine sur une petite touche de chocolat amer pour une finale sèche et agréable. Une bière onctueuse à déguster aux alentours de 12 °C en accompagnement d'huîtres, de fromage, de gibier ou de viande rouge.

BIÈRE DARBYSTE

Brasseur : **Brasserie de Blaugies (Blaugies)**

Catégorie : **pale ale**

Alcool : 8 %

À l'origine, la bière darbyste n'était pas une bière : c'était une recette de grand-mère composée de figue, d'orge et de blé non maltés, de sucre et de blanc d'œuf. Elle aurait été popularisée par les moines darbystes pour lutter contre l'alcoolisme. La brasserie de Blaugies a réutilisé le nom pour sa bière, celle-ci bien alcoolisée, travaillée avec du jus de figue. Rafraîchissante, elle offre un goût très fruité, des saveurs de citron, d'abricot, de pêche, de prune ou de figue. On sent aussi les épices, les levures, le malt et le grillé. La finale est douce et légèrement acide. À déguster entre 8 et 10 °C avec un fromage très doux qui permettra d'apaiser l'acidité de la bière.

BIÈRE DES OURS

Brasseur : **Brasserie La Binchoise (Binche)**
Catégorie : **ale**
Alcool : **8,5 %**

Pourquoi Bière des Ours ? À cause du miel dont ces animaux raffolent. Le brasseur en incorpore avant la fermentation principale, le miel apportant douceur, arômes et une bonne quantité d'alcool, due à la fermentation des sucres fermentescibles qu'il contient.
La robe est d'or sombre, les bulles fines, la mousse blanche, moyenne et persistante. Au nez, cette bière déploie des arômes gourmands de biscuit, de caramel grillé et d'agrumes. Elle se révèle un peu piquante à l'attaque, avant que s'épanouissent les riches saveurs de pain d'épices relevées de discrètes notes fruitées. La finale est longue, adoucie par le miel sur une subtile amertume. Cette bière se déguste avec une viande blanche rôtie, des fromages affinés, du chèvre ou seule à l'apéritif, mais toujours entre 7 et 10 °C pour en sublimer les saveurs.

BLANCHE DE NAMUR

Brasseur : **Brasserie du Bocq (Purnode)**
Catégorie : **blanche**
Alcool : **4,5 %**

Élue meilleure bière blanche du monde en 2009, la Blanche de Namur a été baptisée du nom d'une belle princesse, fille du comte Jean de Namur, devenue l'épouse du roi de Suède en 1335.
Sa robe blond pâle est trouble et laiteuse, couronnée d'une mousse blanche, persistante et très abondante. Ses arômes délicats, fruités et frais s'enrichissent de notes de coriandre et d'orange amère. C'est une bière désaltérante, douce et légèrement acidulée sans être amère, qui laisse une consistance poudreuse sur la langue. Divine par forte chaleur, on la sert entre 2 et 4 °C pour profiter pleinement de ses arômes et accentuer l'élégante amertume qui se développe durant la dégustation. Pour une union heureuse, mariez cette princesse à du poisson ou de la viande blanche !

BLANCHE DES NEIGES

Brasseur : **Brasserie Huyghe (Melle)**
Catégorie : **blanche**
Alcool : **4,9 %**

Une blanche qu'on doit à la demande du marché américain en 1990 et qui, depuis, a largement fait ses preuves.
Sa robe jaune, voilée par le dépôt de levure, est surmontée d'une mousse blanche très abondante et tenace. S'en dégagent des arômes classiques de levure, de coriandre et de froment ainsi qu'une note de citron. Elle est plutôt amère en bouche, légèrement acide avec les mêmes arômes et la présence de zestes d'agrumes. L'équilibre est réussi entre la fraîcheur, le goût acide et le goût fruité. Les amateurs de blanche belge sauront l'apprécier entre 5 et 7 °C à l'apéritif, ou lors d'un repas avec des fruits de mer, du poisson, ou encore des desserts crémeux.

BLOEMENBIER

Brasseur : **Brasserie de Proef (Lochristi)**
Catégorie : **ale**
Alcool : **7 %**

Cette Bloemenbier, ou bière de fleurs, est l'une des rares bières que la brasserie de Proef produit pour son propre compte. Son arôme particulier vient de l'utilisation de deux fleurs gardées secrètes.
La robe est ambrée et dorée, la mousse blanche, abondante et compacte, retombe en dentelle sur le verre. Au nez, de séduisants arômes maltés et fruités se développent sur des notes de caramel et de fleurs. En bouche, c'est un festival de douceur et de rondeur, avec des saveurs sucrées de fruits jaunes et de miel qui s'équilibrent au contact des touches florales et maltées. La finale est douce et délicate. Cette bière se sert fraîche, entre 5 et 7 °C, pour que les arômes se développent sans que le sucre écœure. Elle accompagne bien le porc, l'agneau, les strudels aux pommes, les tartes et les puddings.

LES INGRÉDIENTS DE LA BIÈRE

L'EAU

La bière est composée à 90 % d'eau. Qu'elle soit douce, dure ou minéralisée, elle influe sur la couleur, les qualités nutritionnelles et les caractéristiques gustatives de la bière. La pureté et la qualité de l'eau qui entre dans la fabrication d'une bière sont déterminantes, non seulement pour sa clarté mais aussi pour son goût.

Le caractère d'une bière est principalement affecté par la qualité et les sels minéraux contenus dans l'eau qui la compose. L'eau contient six principaux types de sels minéraux : le bicarbonate, le sodium, le chlorure, le calcium, le magnésium et le sulfate dont les proportions influencent considérablement la saveur des bières, mais aussi le processus de fabrication. Une eau trop riche en sodium ou en magnésium peut, par exemple, tuer la levure. Malgré tout, le magnésium reste indispensable à la production d'enzymes nécessaires à la fermentation, alors que le sel permet de rehausser la saveur. Le bicarbonate peut donner une maische (mélange de céréales concassées et d'eau dans les premières phases du brassage) très acide, ce qui réduit la transformation des amidons en sucres. Une eau trop sulfatée fera ressortir l'amertume. Trop de chlorure apporte un goût chimique et limite la présence de mousse. Le calcium, quant à lui, permet l'équilibre acido-basique.

Autrefois, la qualité de l'eau jouait un rôle important dans la création des brasseries. On installait les bâtiments à proximité d'une eau de source à débit régulier. La composition de l'eau dépendait évidemment de la structure géologique du sol. Pour faire une bonne lager ou pilsner, il faut une eau peu minéralisée, comme à Pilsen. Une eau riche en oligo-éléments, notamment en sulfate de calcium, favorise la transparence et donne de l'amertume : c'est le cas à Burton-upon-Trent qui a rendu célèbres les pale ales et les IPA. Les chlorures conviennent parfaitement au brassage de bière noire, comme la Guinness, où la sucrosité est renforcée et donne du corps à la bière.

Aujourd'hui, de nombreuses brasseries ont abandonné les sources ou les puits traditionnels, en raison des risques de contamination dus, en particulier, aux engrais. Elles préfèrent utiliser l'eau traitée des réseaux urbains, à laquelle elles peuvent ajouter les oligo-éléments nécessaires à leur bière.

LES CÉRÉALES ET LE MALT

L'orge est la céréale la plus utilisée dans la fabrication de la bière. Les céréales contiennent 70 à 80 % d'amidon et une petite quantité de sucres simples : c'est cette source d'énergie qui est à la base du corps de la bière et qui permet d'obtenir un produit nutritif et alcoolisé. L'orge est réputée favoriser une bonne digestion et apporter fibres, vitamines B, sélénium, phosphore, fer, zinc, cuivre et magnésium. Elle contient huit acides aminés essentiels et a une action positive sur le taux de sucre dans le sang, le cholestérol et la flore intestinale.
Les épis d'orge ne fermentent pas ou très peu et ne sont guère utiles au brasseur. Après être passé dans les mains du malteur, le grain d'orge est transformé en grain de malt : il faut compter au minimum dix jours, voire le laisser se reposer un mois pour lui permettre une meilleure germination. Pour donner un bon malt, l'orge doit présenter des grains sains et bien gonflés et germer de façon régulière.

Les 4 étapes essentielles pour produire un bon malt

1. Le trempage. Le grain se gonfle d'eau pour germer. Il n'est pas constamment dans l'eau : il trempe une demi-journée, puis l'eau est vidée pour 6 à 12 heures, et on l'immerge à nouveau.

2. La germination. Les grains mouillés sont étalés en couche uniforme sur des aires de maltage pendant cinq jours pour leur permettre de germer. On les retourne régulièrement pour les aérer et surtout pour obtenir une germination uniforme. Le malt aura une couleur verte.

3. Le touraillage. Cela consiste à arrêter la germination et à colorer le grain. Quand la germination a atteint les trois quarts de la longueur du grain, on la stoppe brusquement pour éviter de perdre les sucres qui se sont constitués. Le malt vert est envoyé à la touraille et soumis à des températures très importantes pendant deux jours, ce qui lui conférera sa couleur et son arôme.

4 . Le dégermage. Les radicelles du grain et les poussières sont retirées. Le maltage est terminé.

D'autres céréales peuvent être utilisées pour le brassage. Le blé, l'épeautre, le seigle, l'avoine, le froment, le maïs, le sarrasin, le riz, et même le quinoa et le sorgho (sans gluten) peuvent être maltés (ou non suivant la variété). Cependant aucune de ces céréales n'offre les avantages techniques de l'orge, car il leur manque les enzymes nécessaires pour transformer l'amidon en sucre.
C'est la couleur engendrée par le touraillage qui permettra de donner les différents types de malts : le malt pâle ou clair, le malt ambré ou brun, le malt cristal, le malt brun ou chocolat, le malt noir.

LE HOUBLON

Le houblon joue un rôle important dans la fabrication de la bière. Au XIIe siècle, à la place du houblon, les brasseurs utilisaient pour aromatiser un mélange d'épices et d'herbes appelé gruit. Cependant, les Égyptiens et les Romains s'en servaient déjà pour parfumer et surtout conserver la bière. Les Romains l'appelaient lupulus (petit loup) car ils croyaient que le houblon suçait la sève des arbres sur lesquels il grimpait.
Le houblon est une herbe grimpante, de la famille du chanvre, et parente éloignée du cannabis et de l'ortie. Originaire de Chine, elle s'est dispersée sur la planète. Le houblon est cultivé industriellement dans l'hémisphère nord, principalement en Europe et en Amérique du Nord. Il en existe plus d'une centaine de variétés – tous les ans, de nouvelles variétés sont créées. La plante porte à la fois des fleurs mâles et femelles, mais seules les fleurs femelles forment les cônes nécessaires aux brasseurs. Lors de la floraison, elles se couvrent d'une résine jaunâtre appelée la lupuline, qui est composée d'acides alpha et bêta. Ces deux acides vont apporter arômes, amertume et stabilisant à la bière.

Après la récolte – la floraison a lieu entre juin et septembre – le houblon est mis à sécher dans des séchoirs. Il est ensuite stocké dans des sacs (ou balles) pouvant atteindre deux mètres, prêts à être brassés ou transformés. À la vente, on retrouve le houblon soit en cônes (l'état naturel), ou en pellets (cônes broyés et compressés) moins humides et qui se conservent mieux. Le houblon peut être incorporé à divers stades pendant l'ébullition du moût (jus fabriqué à partir de malt et d'eau) ou pendant la fermentation (houblonnage à cru ou à froid). Son spectre aromatique est très varié avec des senteurs herbacées, florales, fruitées, épicées, terreuses, résineuses... Il a également des qualités médicinales reconnues : il est antiseptique, et favorise l'apaisement, la digestion et le sommeil.

LA LEVURE

La levure est un organisme vivant de la famille des champignons. On en dénombre plus de 350 espèces regroupées en 39 genres, mais seules celle du genre saccharomyces permettent de fabriquer la bière. Les deux levures saccharomyces les plus utilisées sont les *cerevisiae* (pour la fermentation haute) et *uvarum* ou *carlsbergensis* (pour la fermentation basse). Il existe aussi des levures dites sauvages ou indigènes, les *Brettanomyces bruxellensis* et les *Brettanomyces lambicus*, dont les spores se dispersent spontanément au contact de l'air pour fermenter la bière.

On trouve la levure sous deux conditionnements : sèche active ou liquide. Chaque souche de levure aura ses propres caractéristiques de fermentation, d'atténuation et de goût.

Sans levure, pas de bière ! Incorporée au moût, elle permet la fermentation qui va créer de l'alcool, le gaz, et diverses substances influant sur le goût et le corps de la bière. En présence d'oxygène, les levures transforment les sucres en eau et en gaz carbonique, mais en son absence, elles produisent de l'alcool et du gaz carbonique, car l'oxydation est incomplète – c'est ce dernier cas qui est utilisé en brasserie.

La levure peut parfois être difficile à contrôler, car elle possède une vie propre. Certains brasseurs la considèrent comme une amie imprévisible et la plupart s'accordent à trouver qu'elle est parfois surprenante. Si elle n'est pas traitée correctement, elle le fait aussitôt savoir !

Au XIXe siècle, c'est Louis Pasteur et ses travaux sur les levures qui, pour la première fois, ont permis de comprendre ce qui se passait au cours de la fermentation. En observant la levure à travers son microscope, il découvrit que c'était un organisme vivant. Il put alors les identifier et isoler les éléments qui contaminaient la bière – et qui causaient autant de problèmes aux brasseurs.

LES AUTRES INGRÉDIENTS

Les quatre ingrédients précédents sont les principaux, mais on peut aussi en trouver d'autres, suivant l'humeur et la créativité du brasseur.

On peut utiliser tout ou presque : fleurs, fruits, herbes, épices, piment, miel, sucres, aromates... On évitera cependant les corps gras, car ils ont tendance à tuer la mousse et à nuire au goût. Tous ces ingrédients apportent une touche aromatique supplémentaire, mais ne doivent pas dénaturer la bière. En général, les brasseurs y vont avec parcimonie et les incorporent à un stade précis de la recette et en fonction de la nature des ingrédients.

BOERKEN

Brasseur : Brasserie Den Ouden Advokaat (Sint-Niklaas)
Catégorie : double
Alcool : 9,5 %

En plus de la bière, la société Den Ouden Advokaat, créée en 1995, produit la fameuse liqueur aux œufs Advocaat, ainsi que des pralines, spéculoos et autres nougats.
La robe d'un ambre profond, mais trouble, se pare d'une abondante mousse beige. Du verre se dégagent des arômes très maltés, légèrement torréfiés avec un second nez de fruits noirs et secs. Les papilles détectent avec plaisir les mêmes saveurs de malts torréfiés, de prune et de noix, suivies d'une amertume légèrement piquante. La dégustation se conclut sur de longues et chaleureuses notes boisées, épicées et fruitées. La Boerken est peu connue et difficile à trouver, et c'est dommage, car cette bière complexe et équilibrée est savoureuse. On conseille de la servir entre 7 et 10 °C pour que ses arômes se développent.

BON SECOURS MYRTILLE

Brasseur : Brasserie Caulier (Péruwelz)
Catégorie : ale fruitée
Alcool : 6,4 %

La brasserie Caulier s'est donné pour mission de remettre les saveurs d'antan au goût du jour, elle propose des bières de caractère, naturelles et vivantes, non filtrées, non pasteurisées, et refermentées en bouteille.
Cette blonde est brassée avec du jus de myrtilles, c'est ce qui lui donne sa belle couleur rouge foncé. On retrouve la myrtille dans les arômes prononcés qui s'en échappent, ainsi que des senteurs de houblons et une légère acidité. À la dégustation, elle est sèche et rafraîchissante, avec de belles saveurs fruitées équilibrées par une amertume bienvenue dans une finale longue. Cette bière unique se boit entre 5 et 8 °C en apéritif ou pour accompagner un dessert.

BOOTJES BIER

Brasseur : **Antwerpse Brouw Compagnie (Anvers)**
Catégorie : **ale**
Alcool : **7 %**

La Bootjes Bier est un hommage à l'histoire de la Red Star Line, cette ligne de paquebots qui a emmené, entre 1873 et 1934, environ 2 millions d'hommes, de femmes et d'enfants vers une nouvelle vie aux États-Unis et au Canada. Mise au point par Filip Delvaux, elle combine les influences belges et américaines.

Ses reflets rouge cuivré annoncent les parfums de caramel qu'elle dégage, on note aussi des arômes de houblon. En bouche, ce sont les saveurs épicées qui dominent avec des notes de gingembre et de coriandre. Sa sucrosité est équilibrée par une amertume d'agrume agréable. La finale est douce et longue. Originale et facile à boire, elle est idéale à 8 °C à l'apéritif ou lors d'un repas de poisson.

BOSPROTTER

Brasseur : **Brasserie 't Hofbrouwerijke (Beerzel)**
Catégorie : **triple**
Alcool : **8.5 %**

La robe brillante, d'un or teinté d'ambre, contraste joliment avec l'épaisse mousse blanche et dense. Le nez complexe déploie des arômes de malt légèrement grillé et caramélisé, auxquels s'ajoutent des notes de fruits sucrés, d'agrumes (zeste de citron) et de houblon terre-floral avec un soupçon d'épices en arrière-plan. Moyennement corsée en bouche, sa texture est lisse et crémeuse, la saveur de malt biscuité est suivie d'une rafraîchissante amertume et d'une touche de houblon épicé. En milieu de bouche, quand la gorgée est réchauffée, la levure génère de merveilleuses notes d'épices. La finale est longue sur une amertume équilibrée. On sert cette bière légèrement refroidie, entre 10 et 12 °C, pour obtenir le caractère complet. Sachez aussi qu'elle a une bonne durée de garde.

BRUGGE TRIPEL

Brasseur : Brasserie De Gouden Boom [Bruges]

Catégorie : triple

Alcool : 8,7 %

La Brugge Tripel tire son originalité du « gruut », un mélange d'épices qui remplaçait le houblon au Moyen Âge, dont la recette s'est transmise jusqu'à aujourd'hui. Dans le verre, la robe est blonde et dorée, légèrement trouble, surmontée d'une fragile mousse blanche. Les parfums qui s'en dégagent sont fruités et maltés. Le goût est puissant et rond, caractérisé par des notes de miel et d'épices suivies, en fin de bouche, par une longue amertume. La finale est amère, riche et crémeuse. Cette bière typée plaît aux amateurs de goût épicé, qui la siroteront à l'apéritif avec du gouda ou un Li P'tit Rossê et au repas avec du lapin. Elle déploie tous ses charmes quand on la sert entre 8 et 12 °C.

BUSH
DE CHARMES

Brasseur : Dubuisson (Pipaix)

Catégorie : pale ale

Alcool : 10,5 %

Attention, bière d'exception ! Brassée en série limitée, elle n'est disponible qu'une fois par an, après une maturation de six mois dans des fûts de chêne ayant contenu du Meursault Charmes (cépage chardonnay).

Sa robe, coiffée d'une mousse fine, a la couleur or d'un Sauternes, embrumée d'un léger voile. Au nez, ce sont des arômes de fruits jaunes et blancs, des notes florales, vineuses avec des touches de bois dues au vieillissement en fût. Les saveurs sont parfaitement équilibrées, toujours sur les arômes fruités, teintés d'une discrète aigreur de vin et d'une pointe d'agrumes, avant une finale douce et sèche. Cette Bush aura bien du charme pour l'amateur de vin blanc. Elle s'impose sur les fruits de mer, les poissons en sauce blonde, le foie gras ou les salades estivales si on la sert aux alentours de 10 °C.

CECI N'EST PAS UN BARLEY WINE

Brasseur : **Brasserie Sainte-Hélène (Florenville)**
Catégorie : **barley wine**
Alcool : **10 %**

La première brasserie artisanale voit le jour en 1995, à Orsinfaing, au n° 21 de la rue Sainte-Hélène, d'où son nom. Son déménagement à Florenville ancrera ses bières dans la tradition de la Lorraine gaumaise.

Cette bière brun-rouge, à la fine mousse blanche peu persistante, est brassée occasionnellement. Au nez, elle déploie des arômes de miel, d'amande, de fruits comme la prune, et d'alcool, qui ne sont pas sans rappeler un barley wine. Son abord rond et liquoreux, relevé d'un goût de fruits jaunes, se développe en notes sèches et boisées. En finale, on trouve une amertume avec une belle longueur en bouche bien astringente et toujours des arômes de bois. Bière de dégustation, on la savoure après un bon repas, dans un verre à cognac. Ce barley wine d'une belle complexité flirte avec le style américain, tout en s'affirmant belge dans sa forme.

CHARLES QUINT RUBIS

Brasseur : **Brasserie Haacht (Boortmeerbeek)**
Catégorie : **ale**
Alcool : **8,5 %**

Cette bière, à la belle robe de rubis limpide, coiffée d'une compacte mousse crème, se déguste dans une chope à quatre anses en l'honneur de Charles Quint, qui aurait exigé cette bizarrerie. Brassée pour la première fois en 1950 pour célébrer cet empereur, elle a subi une longue éclipse avant d'être reprise en 1999.

Du verre, s'échappent des arômes de malt et de fruits mûrs évoquant le porto, suivis de notes d'épices et de fumée. En bouche, elle se révèle douce, ronde et moelleuse sur des saveurs de prune rouge, avec une pointe de torréfié et de moka et une petite acidité. La finale est fruitée, sur une légère note sucrée mêlée d'une délicate amertume. Elle se déguste entre 7 et 10 °C et s'accorde avec des grillades ou des plats de viande épicés.

CHIMAY GRANDE RÉSERVE
VIEILLIE EN BARRIQUE

Brasseur : **Abbaye de Chimay (Baileux)**

Catégorie : **trappiste**

Alcool : 10,5 %

Pour obtenir ce nectar, on laisse vieillir une partie de la production de Chimay Bleue dans des fûts, ayant contenu ou non de l'alcool – l'édition 2017 a mûri dans des barriques de rhum. Les quantités sont limitées !

La robe d'un rubis flamboyant et limpide est coiffée d'une fine mousse crème. Au nez, les arômes de café, de cacao, de fruits mûrs et secs sont ceux de la Chimay Bleue, mais avec des notes de vanille, de pain, de bois, et une senteur d'alcool. Côté saveurs, l'harmonie règne entre les notes moka café de la Chimay et le rhum vanillé, le boisé et la touche sucrée de la Grande Réserve. L'alcool réchauffe l'arrière-bouche, avant un final boisé et fumé. En digestif, servie entre 10 et 12 °C, avec un fromage de Chimay, un chèvre ou un roquefort, cette merveille se déguste comme on médite, tranquillement.

CINEY BRUNE

Brasseur : **Brasserie Alken-Maes (Alken)**

Catégorie : **double**

Alcool : 7 %

La recette de cette bière, inchangée depuis 1978, a été créée par Roger Demarche qui en a assuré la promotion bien au-delà de la Belgique.

D'un beau rouge sombre dans le verre, elle est coiffée d'une immense couronne de mousse blanche peu persistante. Au nez, les arômes de céréales précèdent les notes de fruits secs et de caramel agrémentées d'une touche vineuse. En bouche, l'attaque incroyablement douce laisse place à des goûts torréfiés, un peu épicés et à une pointe d'acidité évoquant le vin, avant une jolie finale discrètement amère. Les amateurs d'oud bruin seront séduits par le côté plus café fumé de la Ciney brune. Servie à une température de 5 à 7 °C, on la savoure avec une viande rouge en sauce.

COMMENT FABRIQUE-T-ON LA BIÈRE ?

Le brasseur a besoin d'un équipement spécifique, mais ce sont plutôt les choix opérés en matière de méthode et d'ingrédients qui vont déterminer la personnalité de la bière.

Les étapes ci-dessous n'intègrent pas le processus de maltage de l'orge, qui concerne le malteur (voir p. 23).

Étape 1 :

Le concassage

Le malt d'orge et les autres céréales de la recette (chaque bière a la sienne) sont versés dans un trémie (moulin) à malt avant de passer dans un concasseur pour être broyés et produire la mouture du malt.

Étape 2 :

L'empâtage et la saccharification

On mélange la mouture issue de l'étape 1 dans de l'eau chaude, ce qui va permettre de transformer l'amidon des grains en sucres. Le liquide obtenu s'appelle « la maische ». Ensuite, on soutire une partie du moût pour le reverser sur la maische, plusieurs fois, ce qui va permettre de clarifier le moût.

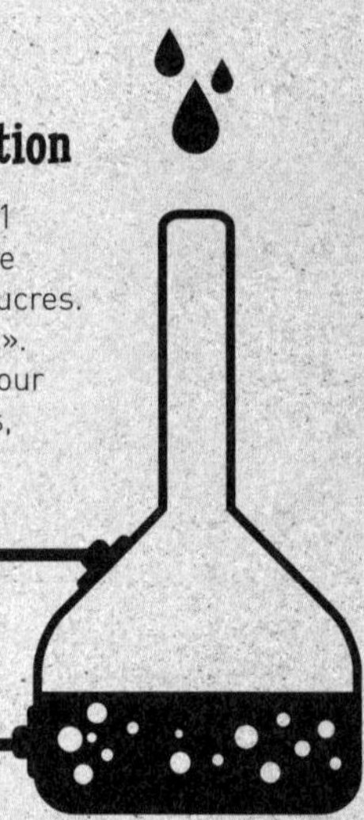

Étape 3 :

La filtration

La filtration permet de séparer le moût obtenu des drêches (malt cuit qui forme une matière solide). On rince les drêches pour en extraire le maximum de sucre. Les drêches des brasseries sont souvent utilisées pour l'alimentation bovine.

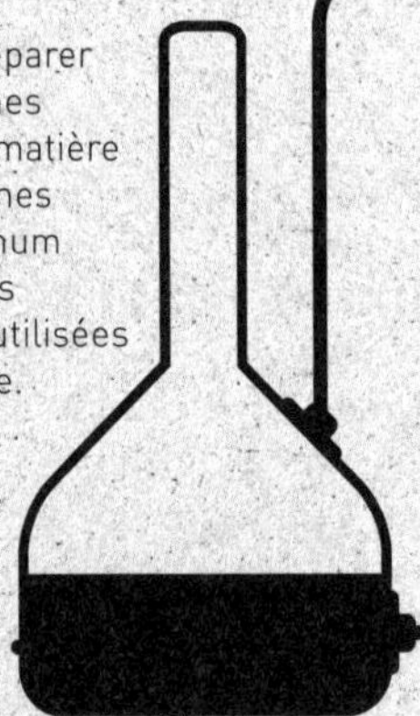

Étape 4 :

L'ébullition

Le moût de bière doux obtenu à l'étape 3 est remis en chauffe. À l'ébullition, une écume se forme qui doit être retirée. Ensuite, le houblon est ajouté, c'est ce qui va donner l'amertume.

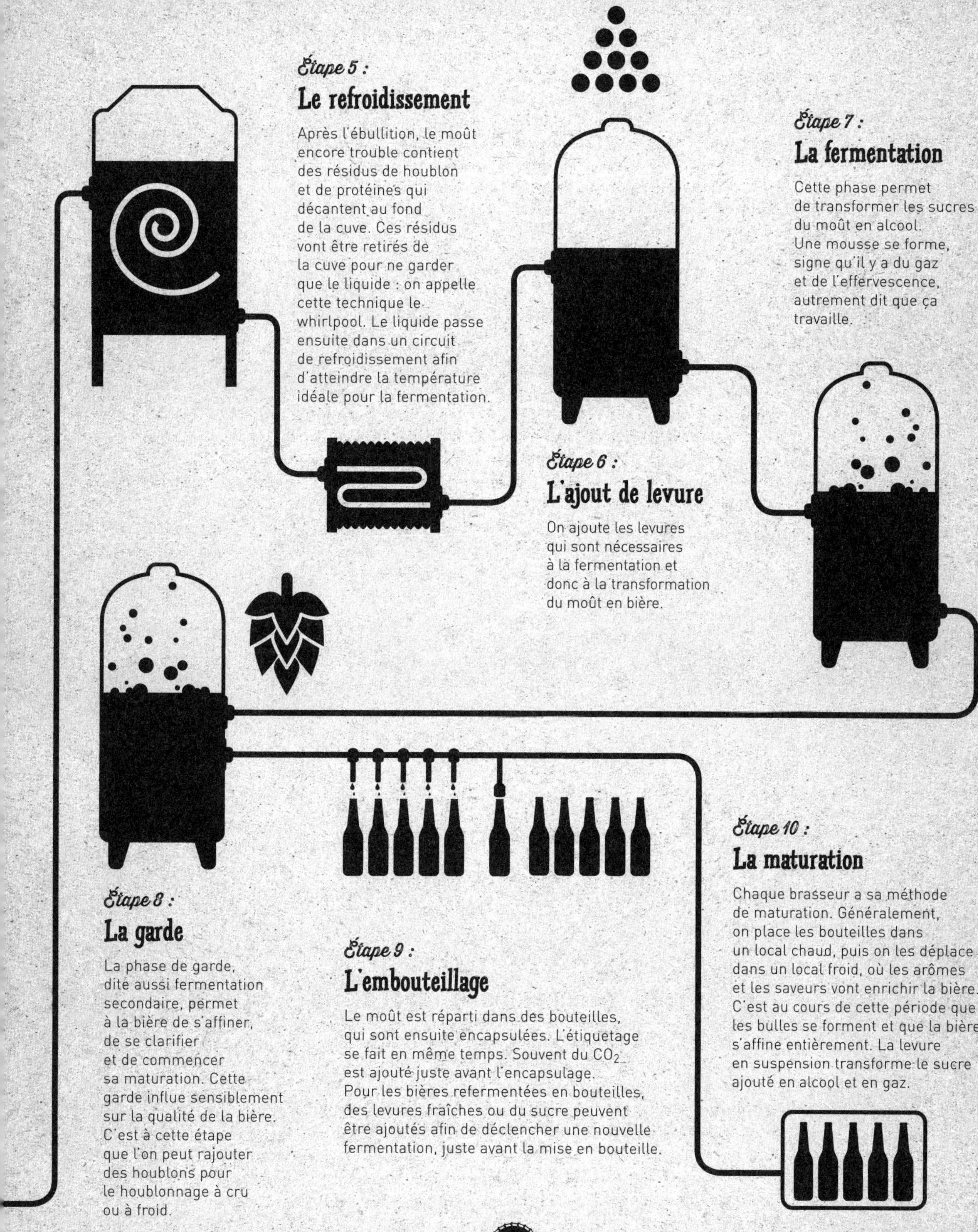

Étape 5 :

Le refroidissement

Après l'ébullition, le moût encore trouble contient des résidus de houblon et de protéines qui décantent au fond de la cuve. Ces résidus vont être retirés de la cuve pour ne garder que le liquide : on appelle cette technique le whirlpool. Le liquide passe ensuite dans un circuit de refroidissement afin d'atteindre la température idéale pour la fermentation.

Étape 6 :

L'ajout de levure

On ajoute les levures qui sont nécessaires à la fermentation et donc à la transformation du moût en bière.

Étape 7 :

La fermentation

Cette phase permet de transformer les sucres du moût en alcool. Une mousse se forme, signe qu'il y a du gaz et de l'effervescence, autrement dit que ça travaille.

Étape 8 :

La garde

La phase de garde, dite aussi fermentation secondaire, permet à la bière de s'affiner, de se clarifier et de commencer sa maturation. Cette garde influe sensiblement sur la qualité de la bière. C'est à cette étape que l'on peut rajouter des houblons pour le houblonnage à cru ou à froid.

Étape 9 :

L'embouteillage

Le moût est réparti dans des bouteilles, qui sont ensuite encapsulées. L'étiquetage se fait en même temps. Souvent du CO_2 est ajouté juste avant l'encapsulage. Pour les bières refermentées en bouteilles, des levures fraîches ou du sucre peuvent être ajoutés afin de déclencher une nouvelle fermentation, juste avant la mise en bouteille.

Étape 10 :

La maturation

Chaque brasseur a sa méthode de maturation. Généralement, on place les bouteilles dans un local chaud, puis on les déplace dans un local froid, où les arômes et les saveurs vont enrichir la bière. C'est au cours de cette période que les bulles se forment et que la bière s'affine entièrement. La levure en suspension transforme le sucre ajouté en alcool et en gaz.

CORSENDONK ROUSSE

Brasseur : Brasserie Corsendonk (Turnhout)
Catégorie : red ale
Alcool : 8 %

Les moines du prieuré de Corsendonk avaient cessé leur activité de brasseurs bien avant qu'Antoine Keersmaeker ne reprenne le nom en 1906, relançant ainsi la Patersbier. Cette bière d'abbaye de fermentation haute a retrouvé toutes ses lettres de noblesse en 1982, grâce à son petit-fils Jef.
Une belle mousse blanche couronne la robe ambrée de la Corsendonk Rousse, qui exhale d'agréables senteurs maltées avec une pointe d'amertume. En bouche, l'amertume est bien dosée et la saveur crémeuse est relevée par des notes d'épices, de fruits, de caramel et un petit goût de bonbon. Cette bière plaît aux amateurs de Kilkenny et de red ale, bien qu'elle soit plus alcoolisée. Elle se boit en apéritif ou accompagnée d'un fromage à pâte mi-dure, comme le corsendonk. Pour exalter ses qualités, servez-la entre 6 et 10 °C.

CRIME PASSIONNEL

Brasseur : De Dochter van de Korenaar (Baarle-Hertog)
Catégorie : IPA
Alcool : 7,5 %

La légende raconte que vers 1550, Charles V aurait dit préférer le jus « de la fille de blé » plutôt que le sang des raisins, la bière plus que le vin. C'est cette jolie expression qu'a retenue la brasserie pour son nom, Dochter van de Korenaar (fille des blés).
Brassée avec la méthode du houblonnage à cru, cette IPA blanche (car travaillée avec du blé) est parfaitement maîtrisée. L'arôme qui s'en dégage est fruité, on sent les agrumes et les fruits exotiques ainsi qu'un rappel de blé. On est saisi à la dégustation par sa délicate amertume et ses touches fruitées d'abricot et de fruit exotique. On reste sur une note boisée et épicée. Pour profiter de son caractère rafraîchissant sans rien perdre de ses nuances, on la sert entre 7 et 8 °C, à l'apéritif bien sûr, mais elle accompagne aussi parfaitement la cuisine épicée.

CUVÉE DEVILLÉ

Brasseur : **Brasserie Den Herberg (Buizingen)**
Catégorie : **pale ale**
Alcool : 6,2 %

Créée en 2010 par la brasserie familiale Den Herberg, cette bière de fermentation mixte est refermentée en bouteille et non filtrée.
La robe est d'un bel ambre roux et la mousse blanche, relativement épaisse. Au nez, on sent une très forte odeur de fruit et de malt. En bouche, on trouve une belle harmonie entre douceur et amertume, bien que les levures sauvages confèrent à cette bière un goût particulier, légèrement aigre. Cette Cuvée Devillé est considérée comme un clone de l'Orval — bière trappiste, parfois difficile à trouver. Elle plaira à tous les amateurs d'Orval et de bière travaillée avec ces levures brettanomyces, qui génèrent cette discrète acidité astringente. Elle se déguste en toutes circonstances (en l'absence d'Orval !), de préférence entre 8 et 12 °C.

DE GRAAL TRIPEL

Brasseur : **Brasserie De Graal (Brakel)**
Catégorie : **triple**
Alcool : 9 %

Fondée en 2002 par le maître brasseur Wim Saeyens, la brasserie De Graal a su depuis conjuguer succès et exigence de qualité.
Cette blonde à la robe orange doré est coiffée d'une mousse épaisse et blanche qui laisse s'échapper des arômes d'épices et de coriandre, des notes de malt, de grillé, de houblon et d'agrumes. On retrouve les mêmes saveurs en bouche auxquelles s'ajoutent des goûts de pêche, de levure et d'alcool. Son amertume subtile amène vers une finale épicée un peu sucrée. Pour apprécier cette bière remarquablement travaillée, on conseille de la déguster entre 7 et 9 °C à l'apéritif avec de la charcuterie et du fromage, mais aussi au cours d'un repas avec des asperges.

DELIRIUM TREMENS

Brasseur : **Brasserie Huyghe (Melle)**

Catégorie : **ale**

Alcool : 8.5 %

Avec son nom provoquant, sa bouteille à l'aspect de céramique et son éléphant rose, la Delirium Tremens ne peut pas passer inaperçue. Au goût non plus, elle a d'ailleurs été élue plusieurs fois meilleure bière du monde.
L'attaque est épicée, puis on sent les goûts du houblon herbacé et ceux plus fruités du malt. On trouve une belle amertume finale accompagnée d'une petite acidité vineuse. Véritable classique, il faut l'avoir goûtée au moins une fois dans sa vie, de préférence à 9 °C, à l'apéritif, mais aussi au cours d'un repas.

DELTA IPA

Brasseur : **Brussels Beer Project (Bruxelles)**

Catégorie : **indian pale ale**

Alcool : 6.5 %

La Delta est la première création du jeune et dynamique Brussels Beer Project, lancé en 2013 grâce à un financement participatif. Cette année-là, elle a été élue par 850 Bruxellois, pour être développée par la brasserie et depuis, son succès n'a fait que s'accroître. Son amertume franche et rafraîchissante est balancée par de surprenantes notes fruitées de litchi, de fruit de la Passion, de melon et d'agrumes qu'on doit aux houblons Smaragd et Citra utilisés lors du brassage. Une bière résolument moderne, vive et très désaltérante qui se boira plutôt fraîche, mais pas glacée (aux alentours de 9 °C).

DUCHESSE DE BOURGOGNE

Brasseur : Brasserie Verhaeghe (Vichte)
Catégorie : oud bruin
Alcool : 6,2 %

Cette brasserie familiale de plus d'un siècle d'existence s'est spécialisée dans les bières de types « rouges flamandes » (oud bruin). C'est une bière de fermentation mixte : après la fermentation principale et la fermentation secondaire, elle bénéficie d'une refermentation en fût de chêne pendant 18 mois.
Cette brune aux reflets acajou rubis est coiffée d'une mousse crémeuse blanc cassé. S'en dégagent un parfum aigre-doux, caractéristique des bières de ce style, et des notes boisées, des touches d'épices et de fruits noirs. En bouche, elle offre une très légère amertume et un goût confit assez sucré, avec des notes de chocolat et de caramel, relevé par une certaine acidité en fin de bouche. Servie à environ 8 °C, elle saura combler les amateurs d'acidité et de vin rouge en accompagnement d'un dessert aux fruits ou au chocolat.

FEMME FATALE

Brasseur : Brasserie De Leite (Ruddervoorde)
Catégorie : ale
Alcool : 6,5 %

Le nom et le design de l'étiquette sont dus à l'artiste Rick Vermeersch, cousin de Luc Vermeersch, le fondateur de cette brasserie familiale.
On aime sa robe ambre clair coiffée d'une fine mousse blanche, autant que ses arômes maltés et épicés, associés à quelques notes de fruits et un brin d'amertume. Au goût, le malt se fait sentir avant des retours de fruits jaunes (abricots et pêches) et des pointes d'épices, comme la coriandre. La finale est sèche et épicée. Dans la lignée de la Kwak, mais avec de nouvelles saveurs, la Femme Fatale plaira aux amateurs de bières rondes et un peu corsées. Parfaite à l'apéritif, elle compose de beaux accords avec le canard ou les tartes aux légumes, toujours à une température de 8 à 10 °C.

GOEDENDAG

Brasseur : Brasserie Toye (Courtrai)
Catégorie : triple
Alcool : 8 %

Goedendag, avant d'être le nom d'une bière blonde, est celui d'une masse d'armes utilisée par les troupes flamandes, lors de la bataille de Courtrai en 1302. L'épisode figure d'ailleurs sur l'étiquette de cette bière, à la robe d'or pâle, effervescente et un peu trouble sous son abondante mousse blanche et ferme. Du verre s'échappent des parfums fruités et des fragrances de houblons aromatiques légèrement biscuités. Les papilles retrouvent ces saveurs de bananes bien mûres et apprécient le bel équilibre entre houblons aromatiques, fruits et céréales. On aime la douce amertume de la finale. La Goedendag se marie bien avec les viandes blanches grillées ou rôties. Servez-la à environ 8 °C pour en apprécier toutes les qualités.

GOUDEN CAROLUS CHRISTMAS

Brasseur : Brasserie Het Anker (Mechelen)
Catégorie : bière de Noël
Alcool : 10,5 %

Cette bière de Noël, brassée en août, repose quelques mois avant d'atteindre son équilibre gustatif. Six épices – noix de muscade, anis, coriandre, clou de girofle, gingembre et zeste d'orange – et trois sortes de houblons entrent dans sa composition. La robe sombre avec des reflets rubis est couronnée d'une épaisse mousse beige. Le nez est corsé, épicé, sucré avec des notes de fruits noirs. En bouche, l'attaque liquoreuse laisse sentir le caramel sucré et l'alcool, avant que ne se développent d'autres saveurs : le fruité des prunes, raisins et dattes, le goût de malt et des touches épicées et chocolatées. Appréciée des amateurs de bière de Noël, la Gouden a une bonne durée de garde. On la savoure pendant les longues soirées d'hiver avec du fromage ou des desserts chocolatés. Pour une dégustation parfaite, servez-la entre 9 et 12 °C.

GOUDEN CAROLUS CLASSIC

Brasseur : **Brasserie Het Anker (Mechelen)**
Catégorie : **dark ale**
Alcool : 8,5 %

C'est la bière la plus ancienne produite par la brasserie. Son nom, Gouden Carolus, vient d'une pièce d'or sans doute frappée sous Charles Quint qui aurait grandi dans la ville. Bière brune de fermentation haute, elle présente une belle couleur acajou. Au nez, les arômes de malts caramélisés et de fruits comme la prune et le raisin se font sentir. En bouche, on retrouve les saveurs de malts plus torréfiés et de fruits noirs, et toujours une pointe de caramel. L'aspect est un peu liquoreux. On reste sur un final doux, malté et peu amer. Cette bière originale se sert entre 12 et 15 °C et saura accompagner avec caractère les spécialités de terroir comme les ragoûts, les gibiers ou encore les pâtés.

GULDEN DRAAK 9000

Brasseur : **Brasserie Van Steenberge (Ertvelde)**
Catégorie : **quadruple**
Alcool : 10,5 %

Brassée à l'occasion des 25 ans de la Gulden Draak, c'est une bière à haute fermentation avec une seconde fermentation pour laquelle on ajoute une levure de vin.

Sa robe couleur caramel doré est liquoreuse, sa mousse est blanche, onctueuse et abondante. S'en dégagent des arômes de miel, suivis par des notes fruitées et très maltées. Elle est ronde en bouche avec des notes de sucre candi et une discrète amertume. La finale est portée sur le caramel et le toffee. À déguster entre 10 et 12 °C, l'hiver pour ses vertus réconfortantes, à l'apéritif ou pour accompagner un plateau de fromage ou une côte de bœuf.

GULDEN SPOOR IPA

Brasseur : **Brasserie Gulden Spoor (Gullegem)**
Catégorie : **IPA**
Alcool : **7 %**

La brasserie est accolée à une ancienne ferme, abritant un restaurant appartenant à la même famille, qui propose des menus composés en fonction des bières. On y savourera cette IPA avec un steak tartare, des sushis ou des fish and chips. Au verre, elle présente de très fines bulles, une robe ambrée légèrement voilée et une abondance de mousse blanche. Mais c'est le nez qui est séduit par les fragrances houblonnées entre mangue et agrumes avec un soupçon de levure. On aurait presque envie de humer sans boire ! Pourtant, les papilles ne sont pas moins agréablement titillées par ces saveurs de houblons exotiques, relevées d'une pointe de poivre. La finale est douce, comparée à l'intensité de l'attaque due aux sucres résiduels contenus dans la bière. Tout amateur de pale ale et d'IPA sera séduit par la richesse aromatique de ce breuvage, qu'il est conseillé de déguster frais, à environ 7 °C.

GULDENBERG

Brasseur : **Brasserie De Ranke (Mouscron)**
Catégorie : **triple**
Alcool : **8 %**

Guldenberg est une bière triple, style « abbaye », pour laquelle le houblonnage est réalisé à cru, accentuant ainsi l'amertume. L'appellation fait allusion à l'ancienne abbaye de Guldenberg à Wevelgem, le village natal du brasseur, où autrefois aurait été brassée une bière trappiste. Avec sa jolie robe blonde dorée et sa mousse ivoire persistante, on serait tenté de ne pas s'en méfier. Et de fait, chaque gorgée est un parfait mélange de douceur et d'amertume, où la saveur du malt et celle du fruit se mêlent en un parfait équilibre. Pour en apprécier toutes les nuances, dégustez-la entre 11 et 13 °C à l'apéritif bien sûr, mais aussi avec un plat chaud. Pour accompagner une entrée ou un plat froid, on conseille de la servir plus fraîche, aux alentours de 9 °C.

HANSSENS OUDBEITJE

Brasseur : **Brasserie Hanssens Artisanaal (Dworp)**

Catégorie : **lambic**

Alcool : 6 %

Hanssens est un assembleur qui achète des lambics à des brasseries. Il a commencé en mai 2000, en mélangeant, dans des fûts de chêne, des fraises fraîches à des lambics de deux ans de Boon et Girardin, pour provoquer une fermentation secondaire des sucres des fruits. La bière mature dans les fûts jusqu'au printemps suivant, en attendant la mise en bouteille. Rare bière en lambic brassée avec des fraises, elle déploie une robe d'or rose un peu trouble, surmontée d'une fine mousse blanche. Au nez, on distingue des arômes fruités de baies, de fraise, de pêche et de vanille. En bouche, c'est l'acidité qui s'impose, avant que la fraise vienne tapisser le palais sur la longueur. Elle est légèrement sucrée avec des saveurs de fruits et de chêne. Au printemps et en été, cette bière rafraîchissante se boit entre 4 et 7 °C.

HOMMELBIER

Brasseur : **Brasserie Van Eecke (Watou)**

Catégorie : **pale ale**

Alcool : 7,5 %

La Hommelbier a été brassée spécialement pour les fêtes du Houblon de Poperinge en 1981. Houblon se disant « hommel » en dialecte local, le nom était tout trouvé ! Depuis, son caractère unique, dû à son houblon 100 % poperinge, la fait apprécier dans le monde entier.

La robe d'un blond cuivré opalescent se couronne d'une mousse blanche, épaisse et ferme. Des parfums épicés, une pointe de levure et des notes florales houblonnées, voilà pour le nez. À la dégustation, son caractère se révèle dans ses saveurs maltées et fruitées, relevées d'agrumes et légèrement épicées par le cumin, avant une finale d'une franche amertume. Cette bière rafraîchissante est brassée avec quatre variétés de houblons locaux. Idéale à l'apéritif, elle accompagne aussi la choucroute ou des fromages crémeux et se sert entre 7 et 10 °C.

LES DIFFÉRENTS STYLES DE BIÈRES

Il y a deux façons de catégoriser la bière : par la couleur ou le type de fermentation utilisé. On observe trois grandes catégories de fermentation : la fermentation basse, la fermentation haute et la fermentation spontanée.

LE STYLE PAR LA COULEUR

Les bières offrent une très large palette de couleurs allant du blond pâle au noir profond, tout en passant par tous les camaïeux de blond, acajou et brun.

Contrairement à une idée répandue, la couleur de la bière n'a aucun lien avec le degré d'alcool de la boisson – les Français utilisent souvent la couleur pour parler des bières. Une bière noire n'est pas forcément plus forte qu'une bière blonde, elle doit sa couleur au malt employé et à une éventuelle torréfaction. Des unités de mesure permettent de calculer le degré de couleur, la plus répandue est l'échelle EBC (European Brewery Convention).

LE STYLE PAR FERMENTATION

Fermentation basse

Ce sont les bières les plus répandues sur l'ensemble des continents, généralement blondes et peu alcoolisés. On retrouvera :

• En Allemagne

***Pils* :** originaire de Plzen (Pilsen), région de Bohème, elle est blonde, désaltérante, florale et équilibrée.

***Bock, Doppelbock, Eisbock* :** originaires du nord de l'Allemagne. La Bock avoisine les 6 à 7 %, elle est peu aromatique. La Doppelbock a plus d'amertume et dépasse les 7,5 %. L'Eisbock subit une congélation partielle pendant la maturation et se développe aussi en alcool, entre 10 et 14 %.

Dunkel : originaire de Munich, entre 4,5 et 6 %, ambrée à brune, son goût est complexe avec des notes de pain grillé et de noisette, son amertume est modérée.

Märzen : bière brassée en mars pour être consommée pendant l'Oktoberfest, elle est plus orientée sur le malt que le houblon, son attaque est plutôt sucrée, sa finale sèche.

Rauchbier : brune à base d'orge maltée et fumée au bois de hêtre.

Schwartzbier : bière foncée à noire aux arômes de malt torréfié.

• En Europe

Pale lager : sa robe est blond pâle, elle a une belle effervescence, une petite amertume, elle est désaltérante. C'est le style le plus consommé dans le monde.

Dark lager : comme la pale lager, mais à la robe plus sombre, entre ambrée et brune.

• En Amérique

Light beer : blonde très claire et très légère en alcool, son goût est peu prononcé.

Fermentation haute

• Type anglo-saxonne

Pale ale : de force moyenne (5 à 6 %), elle est facile à boire, bien équilibrée avec un léger penchant pour l'amertume, de blonde à rousse.

Mild ale : elle est peu alcoolisée (3 %), mais plus amère qu'une pale ale, elle varie du blond au brun.

Amber ale : elle est ambrée, moyennement alcoolisée, le malt sera plus présent que l'amertume.

Red ale : d'origine irlandaise, de couleur rouge, elle est légèrement sucrée et maltée.

Brown ale : brune transparente, elle est peu alcoolisée, douce et peu aromatique.

Bitter : amère et peu alcoolisée (3,5 à 5 %), c'est un produit typiquement anglais. Sa consœur, l'extra special bitter (ESB), est plus alcoolisée et son amertume plus prononcée.

India pale ale (IPA) : cette bière, très en vogue en ce moment, est très amère et houblonnée, elle titre de 5 à 7 %. La double IPA est encore plus amère, alors que l'imperial IPA est plus alcoolisée.

Scottish ale : son goût de malt est très prononcé, elle est légèrement sucrée, peu amère, mais parfois fumée, car brassée avec du malt à whisky.

Barley wine (ou vin d'orge) : elle est en général plus corsée et sirupeuse, avec des arômes riches de malt. Elle est bien équilibrée entre malt et houblon.

Porter : originaire de Londres, c'est la bière des ouvriers qui chargeaient et déchargeaient les navires. Noire, assez maltée, elle a beaucoup de corps.

Stout : variante de la Porter, elle sera encore plus foncée et beaucoup plus épaisse et crémeuse. Elle a un léger goût de brûlé et son amertume est plus ou moins prononcée, mais elle est plus alcoolisée.

Milk stout : adoucie au lactose, elle est moins amère que la stout traditionnelle.

Oatmeal stout : celle-ci est adoucie par de la farine d'avoine. Elle est plus aromatique que la milk stout.

Imperial stout ou imperial russian stout : d'un degré d'alcool élevé, 7 à 9 %, elle est sèche et puissante, on apprécie ses notes de café et de fruits mûrs. Elle était destinée au marché russe.

• Type belge ou française

Witbier ou blanche : à base d'orge maltée et de blé cru, elle est souvent aromatisée avec de la coriandre et des écorces d'orange. C'est une bière rafraîchissante.

Saison : à l'origine brassée au début de l'hiver dans les fermes wallonnes pour les travailleurs saisonniers, elle est désaltérante, fruitée et souvent acidulée.

Bière de Noël : souvent brune ou ambrée, rarement blonde, elle est très aromatique et épicée, avec une plus grande teneur en alcool.

Bière de mars ou de printemps : brassée l'hiver avec de l'orge ensemencée au printemps, elle est peu alcoolisée, fruitée et houblonnée.

Bière de garde : originaire du nord de la France, elle est fruitée et épicée, moyennement alcoolisée et peut être blonde, ambrée ou brune.

Trappiste : en général bien alcoolisée, elle est brassée dans un monastère cistercien.

Abbaye : plutôt alcoolisée, maltée et onctueuse, elle est brassée de manière industrielle, mais sous licence d'abbaye stricte. On retrouvera la

Dubbel, ambrée, légèrement épicée et sucrée (6 à 8 %) ; la Triple, blond doré, fruitée (environ 9 %) ; la Quadruple, riche en malt et forte en alcool (10 à 12 %).

Oud Bruin (ou vieille brune) : originaire des Flandres belges, son goût vineux est dû au vieillissement en fût de chêne.

• Type allemande

Weizenbier, Weissbier, Hefeweiss : blanche à base de malt de blé, peu alcoolisée (environ 5 %). D'autres variétés sont plus alcoolisées, épicées et maltées, comme la Weizenbock (6 à 8 %), la Weizendoppelbock (7 à 9 %), la Weizen Eisbock (environ 12 %).

Altbier : originaire de Düsseldorf, elle est de couleur cuivrée à brune, son goût est sucré et amer.

Kölsch : blonde brassée à Cologne, elle est un peu fruitée, houblonnée et plus délicate que l'Altbier, car filtrée.

• Type américaine

Les bières américaines reprennent tous les types de bières anglaises, American pale ale, American amber ale, IPA ; mais aussi ceux du type allemand, ou belge. Seul le goût du houblon sera plus marqué et elles comportent moins de levure.

Fermentation spontanée

Lambic : cette bière typique de la région de Bruxelles, avec un goût acide marqué, sert à la préparation des Gueuze, Kriek, Fruitées et Faro.

Geuze ou Gueuze : assemblage de lambics différents. Moins acide que le lambic.

Faro : lambic dans lequel on a ajouté du sucre candi pour gagner en sucre.

Kriek et lambic aux fruits : c'est un lambic dans lequel on a ajouté des fruits ou du jus de fruits lors du vieillissement. Kriek est la traduction de cerise en flamand.

HORAL OUDE GUEUZE MEGABLEND 2017

Brasseur : Brasserie Boon [Lembeek] avec les brasseries participantes au « Tour de Gueuze »
Catégorie : lambic
Alcool : 7 %

Hoge Raad voor Ambachtelijke Lambiekbieren (HORAL) est le Conseil supérieur pour les bières artisanales lambic. Il contient quelques-uns des plus grandes brasseries et mélangeurs de lambic belges. Tous les deux ans, HORAL organise le « Tour de Gueuze », une journée pendant laquelle les membres ouvrent leurs portes au grand public. À cette occasion, sept des membres de HORAL (Boon, Lindemans, Timmermans, De Cam, Oud Beersel, Tilquin, De Troch) proposent quelques-uns de leurs plus beaux lambics pour faire un *megablend* qui est ensuite vieilli et mis en bouteille.

Cette bière a la robe blond orangé typique des grandes gueuzes avec une mousse fine et blanche. Le nez est très caractéristique, sur la levure, le sous-bois et le pamplemousse. Elle est puissante en bouche, l'acidité est nette, on retrouve des saveurs de levures et d'orange. Superbement travaillée, cette bière en édition limitée sera servie entre 10 et 14 °C avec un fromage à pâte pressée comme du cantal.

HOUPPE

Brasseur : Brasserie de l'Échasse [Namur]
Catégorie : bière de garde
Alcool : 7,5 %

Microbrasserie créée par cinq passionnés de bières de caractère, l'Échasse est installée à Namur, en bord de Meuse, dans les murs d'une brasserie datant de 1812.

Sous son abondante couronne de mousse blanche, la Houppe a des reflets cuivrés et une belle pétillance. Au nez, ses parfums d'agrumes et ses arômes herbacés séduisent. Au goût, l'attaque est moelleuse, fruitée, avec des saveurs d'agrumes et une légère touche de sucre. Une amertume et une astringence subtiles se font sentir en fin de bouche. L'originalité de la Houppe tient à ses méthodes de brassage traditionnel : houblonnage à cru, pas de filtration. Voilà une bière consensuelle avec du caractère, qui libère tous ses arômes vers 9 °C. À l'apéritif, elle accompagne fromages ou charcuteries, mais on la déguste aussi avec des crêpes au sucre.

KAPITTEL WATOU PRIOR 9

Brasseur : **Brasserie Van Eecke (Watou)**
Catégorie : **dark ale (type abbaye)**
Alcool : 9 %

Couronnée d'une crémeuse mousse ivoire, cette brune arbore une robe brumeuse aux reflets ambrés. Le nez est équilibré, avec des arômes maltés, des odeurs de banane et d'agrumes et une note de miel. Cette bière au goût complexe offre des saveurs de caramel, de malt, de fruits secs et de raisin. En fin de bouche, le palais se laisse surprendre par la légère amertume du houblon adoucie d'une note fruitée. C'est une bière agréable, ronde et chaleureuse qui exprimera tout son potentiel gustatif entre 10 et 12 °C. Un accord parfait avec de la viande ou sur un repas copieux.

L'AROGANTE

Brasseur : **Brasserie de Proef (Lochristi)**
Catégorie : **IPA**
Alcool : 7,2 %

L'Arogante a pour slogan : « C'est moi la plus belge » ! Rien d'étonnant, puisque cette bière est née de la rencontre d'amis wallon et flamand, de quoi réunir les deux pôles de la belgitude.

Blonde à la limpide robe d'or roux, sa mousse abondante et aérée colle au verre en retombant. Ses arômes sont biscuités et fruités, sans trace de houblons amérisants, ce qui est surprenant pour une IPA. Elle se révèle peu effervescente – « plate » comme une Anglo-Saxonne – avec une franche amertume de fruits et d'agrumes, mêlée de malt et d'une pointe d'épices. La finale est longue sur une amertume persistante et rafraîchissante. Cette Arogante, qui navigue entre Belgique, Royaume-Uni et USA, plaira à l'amateur de pale ale et d'IPA légères. On la sert entre 6 et 8 °C avec des plats épicés ou des fromages à pâte pressée.

KWAK

Brasseur : Brasserie Bosteels (Buggenhout)
Catégorie : pale ale
Alcool : 8,4 %

La Kwak, aussi appelée bière des cochers, est servie dans un verre de forme particulière, que les charretiers accrochaient à leur siège pour boire sans descendre de voiture. Il faut dire que l'auberge du brasseur Kwak, située sur la route de Malines à Gand, voyait défiler bien des calèches. Cette bière ambrée à la robe bronze se pare d'une belle mousse blanche et crémeuse. On apprécie ses senteurs de caramel relevées de notes de fruits mûrs, d'épices et de cet arôme de levure typique des bières belges. La noix et la prune se révèlent en bouche, en même temps que le caramel, et l'amertume est équilibrée par l'impression de rondeur légèrement sucrée. Tout amateur de bière se doit de goûter ce grand classique au moins une fois dans sa vie ! On la savoure à l'apéritif avec du fromage ou de la charcuterie, mais aussi au repas. Servez-la à 5-6 °C.

LA CORNE DU BOIS DES PENDUS BLACK

Brasseur : Brasserie d'Ebly (Ebly)

Catégorie : dark ale

Alcool : 8 %

Un triste jour de 1636, des pillards semèrent la mort dans la forêt d'Anlier en y pendant les habitants aux arbres. Depuis, la forêt serait hantée, on pourrait y croiser le spectre du brasseur Cornelius, la corde au cou, murmurant : « Gloire à la corne, à Cornelius et à tous les pendus du bois, santé sans pitié ». On raconte que celui qui boira la bière de la Corne du Bois des Pendus en citant ces mots aura la gloire éternelle...

Cette bière noire développe des saveurs douces avant de monter en puissance sur des notes de chocolat, de café et de vieux rhum. L'amertume reste faible et dévoile les arômes des malts spéciaux. Pour en apprécier toutes ses nuances, on conseille de la déguster entre 7 et 10 °C, en prononçant bien sûr les mots de Cornelius.

LA PETITE VERTUS

Brasseur : Brasserie Millevertus (Breuvanne)
Catégorie : red ale
Alcool : 3,9 %

Daniel Lessire a brassé sa première bière en 2004. Passionné, il n'a aucune qualification dans le domaine brassicole. Il remporte pourtant en 2007 un Fourquet d'Argent pour l'Amarante à Saint-Nicolas-de-Port en France. En 2011, la brasserie s'installe à Breuvanne où les brasseurs continuent leur travail passionné à partir d'ingrédients simples et de qualité, notamment de l'eau de leur propre forage.

L'étiquette suggestive annonce la couleur : la robe est rousse et trouble avec des reflets rubis, la mousse épaisse et persistante. On sent des arômes de céréales, de caramel et de houblon frais sur des notes légèrement fruitées. La longueur en bouche est belle, accompagnée d'une légère amertume que l'on doit à l'utilisation de malts anglais. Les houblons en fleurs lui prodiguent une étonnante complexité. La finale est sèche et douce. Les amateurs de bières rousses la trouveront très agréable pendant un repas, servie à environ 10 °C.

LA VIEILLE SALME

Brasseur : Brasserie Detrembleur (Vielsalm)
Catégorie : blonde
Alcool : 8,3 %

La Salme, rivière qui traverse la ville de Vielsam et toute la région, donne son nom à cette bière blonde à la robe d'or brumeux, riche en bulles. Au verre, la mousse blanche et compacte retombe rapidement, laissant monter des arômes peu houblonnés, légèrement herbacés avec des notes de paille et des parfums de citron. En bouche, l'attaque un peu sucrée est suivie de saveurs amères maltées, de touches de houblons aromatiques et d'une pointe de zeste de citron, avant de terminer sur une astringence prononcée. Voilà une bière, conçue par le créateur de la Chouffe et Lupulus (même brasseur), qui plaira aux amateurs de triple. Elle se boit facilement à l'apéritif et pour accompagner un goulash ou une viande blanche grillée. Elle développera tous ses arômes entre 8 et 10 °C.

LA RULLES TRIPLE

Brasseur : **Brasserie artisanale La Rulles (Habay)**

Catégorie : **triple**

Alcool : 8,4 %

On est d'abord séduit par sa belle couleur blond cuivré surmontée d'une mousse blanche dense et importante. Au nez et en bouche, on retrouve les mêmes saveurs de houblons épicés et de levure avec des parfums de malt et de caramel. Elle est ronde en milieu de bouche, avec une légère astringence. Les houblons utilisés par la brasserie donnent à ses bières des notes d'épices (trompeuses puisqu'aucune épice n'entre dans la recette), souvent de coriandre. Pour vous en assurer, rien de plus simple, il suffit de vérifier par vous-même : toute la production se fait en effet cuves ouvertes. Cette triple, idéalement servie entre 9 et 12°C, accompagne parfaitement les plats mijotés et les gibiers.

LA TROUFFETTE BELLE D'ÉTÉ

Brasseur : **Brasserie de Bastogne (Vaux-sur-Sûre)**
Catégorie : **blanche**
Alcool : 6 %

Le trouffet est un personnage du folklore de Bastogne : c'est l'Ardennais fier, rusé et un peu filou. Sur l'étiquette, on le voit chevaucher un sanglier, autre symbole de la région.
Une blanche entre la belge typique et une american pale ale, qui se caractérise par sa fraîcheur. On doit cette fraîcheur aux houblons aromatiques américains qui apportent également des notes citronnées et une légère, mais longue, amertume sèche, équilibrée par la douceur du malt et du froment. À déguster relativement fraîche, entre 7 et 8 °C.

LE FRUIT DÉFENDU

Brasseur : **Brasserie Hoegaarden, InBev (Hoegaarden)**
Catégorie : **ale**
Alcool : 8,5 %

La Fruit Défendu arbore sur son étiquette une reproduction du tableau de Rubens, *Adam et Ève*, des nudités qui ont bien failli faire interdire la bière aux États-Unis !
La robe d'un rubis sombre et la somptueuse couronne de mousse blanche annoncent la puissance de ses capiteux arômes de malts, d'épices et de curaçao. En bouche, elle est ronde avec des saveurs de malt et d'épices, complexifiées par des notes de fruits secs et de caramel. La finale est sèche et épicée. Moins connu que la blanche Hoegaarden, ce Fruit défendu ne demande qu'à être croqué par les amateurs de bières rondes et équilibrées. La température de service se situe entre 6 et 8 °C à l'apéritif, avec un dessert crémeux ou du fromage, mais monte jusqu'à 10 °C avec une viande rouge.

LIVINUS

Brasseur : **Brasserie Van Eecke (Watou)**
Catégorie : **ale**
Alcool : 10 %

Les Leroy sont une famille de brasseurs réputés, ils ont hérité de la brasserie Van Eecke en 1962 et ont su maintenir, voire rehausser, le niveau d'excellence de la bière travaillée par leurs prédécesseurs.
La Livinus dévoile une belle robe limpide et cuivrée portant une mousse blanche, abondante et tenace. Elle séduit par ses arômes de malt d'orge et de houblon qui se dégagent avant une légère touche de fruits jaunes. Au goût, elle se révèle agréablement ronde et piquante avec des saveurs sucrées, des notes de caramel, un soupçon de levure et de coriandre, sans oublier la pointe d'alcool qui réchauffe la finale. Cette bière équilibrée et riche en goût, malgré l'alcool, s'impose lors d'un barbecue entre amis ou autour d'un clafoutis aux pêches et aux amandes. On la sert à environ 8 °C.

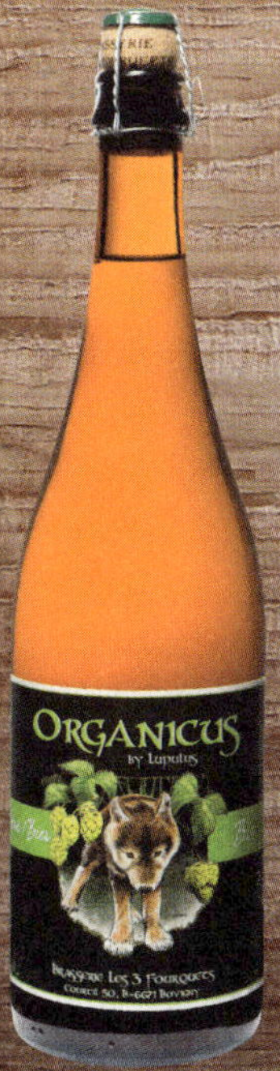

LUPULUS ORGANICUS

Brasseur : **Brasserie Les 3 Fourquets (Bovigny)**
Catégorie : **triple**
Alcool : 8.5 %

La brasserie se niche dans un écrin de verdure, au bord d'un ruisseau où coule une eau pure et fraîche. Son créateur, le brasseur Pierre Gobron, ex-propriétaire de la brasserie d'Achouffe, ne travaille qu'avec des ingrédients bio, depuis l'eau de source jusqu'au houblon. Sa Lupulus Organicus (houblon biologique en français) est ambrée et trouble avec une belle mousse ivoire, persistante. En plus de ses arômes herbacés et citronnés, on y sent le malt, le houblon et une touche de levure. Au goût, les saveurs d'agrumes et de malt se retrouvent en notes d'attaque, évoluant vers une astringence et une amertume modérées, avant de terminer sur des nuances herbacées subtilement épicées. Appréciée des buveurs de pale ale et de bière d'abbaye, elle se boit en apéritif, à une température de 8 à 12 °C.

ORVAL

Brasseur : **Brasserie d'Orval Abbaye Notre-Dame d'Orval [Orval]**
Catégorie : **trappiste**
Alcool : 6,2 %

Bières belges

En 1070, la comtesse Mathilde de Toscane laissa tomber par mégarde son anneau nuptial dans une fontaine. Désespérée, elle se mit à implorer Dieu et, quelques instants plus tard, une truite surgit miraculeusement des profondeurs de l'eau pour lui rendre l'alliance. C'est cette image que l'on retrouve sur les vitraux du monastère et sur les étiquettes des bouteilles d'Orval.

De fermentation haute, à 6,2 % d'alcool, elle présente une belle robe ambrée, de couleur orangée, surmontée d'une voluptueuse mousse beige. Bien que le processus de fabrication implique des levures sauvages et un houblonnage à cru, ce qui caractérise le plus son arôme si complexe est l'utilisation d'un houblon local et la mise en œuvre de trois fermentations séparées. En bouche, l'amertume est prononcée. On trouve certes un côté fruité, mais surtout une légère acidité astringente, due aux levures sauvages, qui vient titiller les papilles en deuxième bouche. Pour apprécier toute sa richesse, on conseille de servir cette bière à température dite « de cave », environ 12 °C dans deux verres : la bière à proprement parler dans le premier, le fond de la bouteille qui contient les levures dans le second. À noter, comme un vin, l'Orval peut être vieillie plusieurs mois, debout, à l'abri de la lumière et à une température constante. Suivant l'âge, les sensations gustatives seront différentes : l'Orval jeune offre une amertume franche tandis que l'Orval de six mois laisse en bouche une amertume douce légèrement madérisée.

ORVAL
BIERE TRAPPISTE . TRAPPISTENBIER
ORVAL
0,33L
INGREDIENTS: EAU, MALTS D'ORGE
HOUBLON, SUCRE, LEVURES
orval

OUDE KRIEK

Brasseur : **Oud Beersel (Beersel)**

Catégorie : **lambic**

Alcool : 6 %

La brasserie fut créée en 1882 à seulement 10 km du centre de Bruxelles, elle est connue pour son lambic artisanal brassé selon d'anciens procédés traditionnels. Elle a failli fermer en 2002 par manque de repreneur, mais heureusement, trois ans plus tard, elle a été reprise par Gert Christiaens, un amoureux de gueuze et de kriek, qui en a profité pour lancer de nouvelles bières. Au fil des ans, il en a fait une brasserie moderne, mais respectueuse de la tradition ancestrale. Henri Vandervelden, le brasseur jusqu'à 2002, vit à proximité de la brasserie, et participe toujours aux brassages en prodiguant ses conseils.

Son beau rouge rubis indique la couleur : celle des cerises fraîches qui ont longuement maturé dans le lambic – lui-même mûri trois ans en fût de bois, puis coupé. Au nez, on est de fait séduit par le parfum de cerise fraîche et d'amande (les noyaux macèrent dans le lambic). En bouche, sa belle acidité rappelle celle du champagne, et l'on n'est pas surpris de retrouver les saveurs de cerise et celles plus subtiles d'amande.

Les amateurs de lambic et d'acidité la boiront avec un dessert chocolaté ou une salade aux légumes croquants, à environ 10 °C, pour qu'elle soit désaltérante – même si les spécialistes du genre conseillent de la servir à 14 °C (température de cave).

BEER TRADITIONS REBORN
ANNO 1882
Oud Beersel
ANNO 1882
Oud Beersel
STORE
IN A COOL PLACE
OUDE KRIEK
VIEILLE
OUDE KRIEK VIEILLE
Oud Beersel

NOISY PALE ALE

Brasseur : Brasserie No Science (Bruxelles)
Catégorie : pale ale
Alcool : 6 %

Cette microbrasserie créée fin 2016, l'une des dernières nées à Bruxelles (il n'y en a que quatre dans la capitale), est installée dans des locaux accueillant des start-up.
La Noisy Pale Ale est une blonde dorée, à la robe trouble, presque sans bulles, dotée d'une mousse blanche très fine. Le nez houblonné dévoile des notes d'agrumes et de malt frais. En bouche, les fruits exotiques (mangue et agrumes) attaquent en force, avant de laisser place à une saveur de malt et un soupçon d'amertume. La finale est longue et l'amertume teintée de zeste d'orange. Amateurs de bières anglo-saxonnes, la Noisy Pale Ale est pour vous ! Rafraîchissante et légère en alcool, on l'aime entre 6 et 8 °C à l'apéritif, mais aussi avec un burger, un tartare de poisson ou un tartare mangue-ananas.

OESTERSTOUT

Brasseur : Brasserie Schelde (Meer)
Catégorie : stout
Alcool : 8,5 %

La brasserie fondée en 1994 n'utilise pas de système de filtration ou de pasteurisation, tous ses ingrédients sont naturels. La tradition a aussi son importance dans le nom des bières qui reprennent des contes populaires.
Cette brune très sombre utilise un procédé inédit : un filtre rempli de coquilles d'huîtres d'Yerseke. Cela donne un mariage heureux car l'iode et le sel s'accordent parfaitement avec les saveurs caramel et l'amertume rafraîchissante. Elle sera parfaite entre 8 et 12 °C, en particulier avec un fromage (style stilton), du gibier ou encore des truffes au chocolat.

PALJAS IPA

Brasseur : **Brasserie Henricus (Zeebrugge)**
Catégorie : **IPA**
Alcool : 6 %

Cette jeune brasserie a été fondée en 2013 et propose aujourd'hui quatre bières de bonne facture. Cette IPA est brassée avec 100 % de malts pâles. Les quatre houblons utilisés (Tomahawk, Cascade, Saaz et Amarillo) procurent à l'ensemble fraîcheur et amertume.

Au nez, on reconnaît des arômes houblonnés fruités, caractéristiques du style. L'attaque en bouche est marquée par le malt avec des touches de miel, des arômes d'herbe et de fruit. Les amateurs de pale ale et d'IPA la dégusteront entre 5 et 7 °C... sur une terrasse ensoleillée !

PALM N.A

Brasseur : **Brasserie Palm (Steenhuffeldorp)**
Catégorie : **sans alcool**
Alcool : < 0,25 %

Cette bière sans alcool est travaillée avec des houblons finement aromatiques du Kent. Le processus de maltage respecte les instructions spécifiques de la brasserie, visant à obtenir une coloration brune naturelle. Une bière est dite « sans alcool » quand son taux est égal ou inférieur à 0,5 %. Sa robe d'or ambré aux fines bulles se couvre d'une généreuse mousse blanche qui retombe vite. Au nez, les parfums de malt, de caramel et de céréales séduisent. En bouche, on apprécie les saveurs légèrement caramélisées avec un moelleux de miel. La Palm plaira à tous ceux qui, par goût ou pour raisons de santé, recherchent une bière sans alcool. Très désaltérante, elle se déguste en terrasse ou à l'ombre d'une tonnelle et se sert fraîche, entre 4 et 5 °C.

PANNEPOT GRAND RESERVA VINTAGE 2011

Brasseur : **Brasserie De Struise [Oostvleteren]**
Catégorie : **quadruple**
Alcool : 10 %

Struise signifie « autruche ». À l'origine, Urbain Cotteau et Philippe Driessens étaient propriétaires d'une ferme à autruches qui proposait des hébergements pour les vacances. Un jour, ils décident de proposer une bière à leurs hôtes. Rejoints par Carlo Grootaert, un vigneron, ils créent DSB en 2003 et acquièrent une réputation internationale. Cette bière exceptionnelle a vieilli quatorze mois dans un fût de chêne, puis a passé huit mois dans un fût de calvados. Elle est tirée en édition limitée à 30 hectolitres tous les deux ans.

Noire, elle est surmontée d'une mousse beige, crémeuse et persistante. S'en dégagent des notes de malts prononcées, des épices, et une touche de vanille et de fruits secs. En bouche, on découvre des touches de caramel, de fruits [pruneau et prune], de café et de houblon. Les amateurs de bière brune seront comblés, mais elle peut aussi séduire ceux qui aiment les bières rondes et boisées. À déguster autour de 15 °C avec un bœuf bourguignon, braisé ou des crêpes Suzette.

PÊCHERESSE

Brasseur : **Brasserie Lindemans [Vlezenbeek]**
Catégorie : **fruitée**
Alcool : 2,5 %

La ferme brasserie Lindemans existe depuis 1809 et est aujourd'hui dirigée par la 7e génération familiale. Elle fait partie des 10 plus grandes brasseries belges et doit son succès à ses bières fruitées et plutôt sucrées, dont la moitié de la production se destine au marché étranger. Cette bière est un assemblage de 30 % de jus de pêches fraîchement cueillies, fermenté dans un lambic jeune d'au moins un an et maturé en fût de chêne. Sa belle robe blonde dorée légèrement trouble laisse deviner des arômes gourmands très marqués de pêche et de sucre candi, auxquels s'ajoute une très légère saveur acidulée, signature des lambics, pour un ensemble finalement très équilibré. Servie bien fraîche, entre 2 et 4 °C, elle s'impose au dessert, mais s'illustre aussi à l'apéritif, notamment en cocktail.

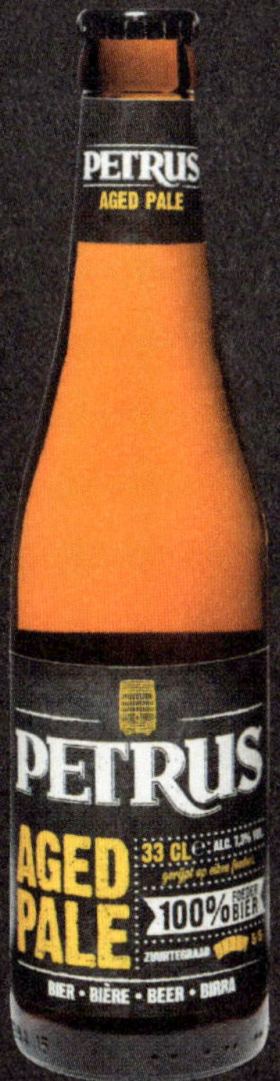

PETRUS AGED PALE

Brasseur : **Brasserie De Brabandere (Bavikhove)**

Catégorie : **sour**

Alcool : 7,3 %

Élue meilleure bière vieillie en fûts aux World Beer Awards en 2012, elle doit son appellation « Grande Réserve » à une maturation de 20 mois en fûts de chêne. C'est la référence dans sa catégorie.

La mince couche de mousse disparaît vite sur cette bière dorée et translucide qui pétille finement. Au nez, les arômes d'agrumes dominent suivis de près par des notes maltées, caramélisées et des senteurs boisées nuancées de miel. En bouche, son attaque acide, qui rappelle les gueuzes, est équilibrée et adoucie par des saveurs de pamplemousse et le caramel des malts. La finale, sans amertume, est toujours acidulée avec des notes de fruits. Courte en bouche, elle laisse une légère sensation de sécheresse. On la sert entre 8 et 12 °C avec des crustacés ou des fromages de chèvre et de brebis.

PMPRNL

Brasseur : **Brasserie Jessenhofke (Kuringen)**

Catégorie : **triple**

Alcool : 8 %

L'écureuil choisi comme symbole de la maison ne l'a pas été par hasard. Comme Gert Jordens, le brasseur, il passe la belle saison à faire des réserves et à chercher les meilleurs ingrédients, mais l'hiver venu, il reste à l'abri, à la maison avec une bonne pinte. Gert est petit-fils de coupeur de genièvre, et fait lui-même un usage remarquable des herbes. 100 % bio, cette triple se caractérise par son originalité : elle est brassée avec de la pimprenelle, de l'hysope, du thym, du myrte et de la sarriette. De fait, elle est peu sucrée avec une note d'épice ferme, et une finition florale et herbeuse. Pour en apprécier toutes les nuances, on conseille de la déguster entre 8 et 11 °C.

REBEL LOCAL

Brasseur : Brasserie Verzet (Anzegem)
Catégorie : IPA
Alcool : 8,5 %

C'est l'histoire de trois jeunes diplômés de l'école de brasserie de Gand qui, bien que travaillant dans des brasseries différentes, se retrouvent le week-end pour laisser libre cours à leur créativité débridée... jusqu'à fonder leur propre brasserie en 2016.
La robe blond foncé, très légèrement trouble, est surmontée d'une abondante mousse blanche et aérienne. Les parfums qui s'en dégagent sont floraux avec des notes épicées et une légère senteur d'orange.
L'attaque est fruitée (orange, citron), puis viennent les arômes floraux servis par une amertume légèrement épicée. La finale est sèche, mais équilibrée avec une longueur amère. Plutôt qu'une IPA, on serait tenté de la considérer comme une bonne pale ale bien amère et levurée. Pour en apprécier toutes les nuances et l'amertume, on conseille de la déguster aux environs de 8 °C à l'apéritif avec un fromage de caractère ou au bord d'une piscine.

REINAERT
TRIPEL

Brasseur : **Brasserie de Proef (Lochristi)**
Catégorie : **triple**
Alcool : **9 %**

La Reinaert Tripel arbore une robe d'ambre roux comme le pelage du renard (*reinaert* en flamand) qui donne son nom à cette bière. Effervescente, elle se pare d'une haute tête de mousse blanche et dense. On sent de belles odeurs de houblon, de citron et de coriandre, accompagnées de touches de malt et de levure. En bouche, l'attaque maltée se mêle aux saveurs fruitées et épicées du houblon, avant qu'un soupçon de levure vienne apporter une légère astringence et une belle amertume. La complexité et la progressivité gustative de cette bière séduiront les amateurs de triple qui goûtent une franche amertume. On savourera la Reinaert Tripel au printemps, entre amis, à l'apéritif avec un beau plateau de fromages affinés. Pour une dégustation optimale, on conseille de la servir entre 7 et 10 °C.

QUEUE DE CHARRUE BRUNE

Brasseur : **Brasserie Vanuxeem (Comines)**
Catégorie : **oud bruin (rouge flamande)**
Alcool : 5,4 %

Cette première bière, déjà brassée au début du XXe siècle, a été relancée en 1986, lorsque les petits-fils de Gaston Vanuxeem ont repris le flambeau de la brasserie. « Queue de charrue » est la traduction de Ploegsteert, nom de la ville flamande d'où provient cette bière. De couleur rouge cuivré, cette oud bruin présente des arômes maltés, de fruits des bois et un parfum de vinaigre. En bouche, on est surpris par des saveurs aigres-douces, dues à une garde en fût de chêne de 18 mois. On retrouve également des notes de cerise et de caramel peu sucré, avec de légère touches boisées et torréfiées. Cette bière se veut à la fois légère et rafraîchissante. Pour en apprécier toutes les nuances, il est conseillé de la servir entre 7 et 9 °C.

QUINTINE BIO-ORGANIC

Brasseur : **Brasserie des Légendes (Ath)**
Catégorie : **blanche**
Alcool : 5,9 %

Pierre et Vincianne Delcoigne, créateurs de cette brasserie belge aux accents magiques, sont adeptes du brassage par infusion, une méthode des plus traditionnelles. La recette de cette bière proviendrait du grimoire d'une sorcière nommée Quintine, brûlée en 1610 !

La robe est blonde, claire et voilée avec peu de pétillance et une abondante mousse blanche et crémeuse. Les arômes de houblon et de froment sont relevés de légères notes citronnées et épicées. Elle exprime des saveurs amères et prononcées, traversées de pointes sèches, corsées et puissantes, avec une belle astringence en fin de bouche. Brassée selon la tradition des weizenbier allemandes, la Quintine se boit fraîche, aux alentours de 6 °C, et accompagne parfaitement les poissons cuits ou crus, ainsi que les fruits de mer.

RENINGE BITTER BLOND À LAMBIEK

Brasseur : **Brasserie Seizoens Vandewalle [Lo-Reninge]**

Catégorie : **sour**

Alcool : 8 %

Dans sa microbrasserie créée en 2011, Chris Vandewalle brasse, avec des houblons de Poperinge, des bières non filtrées et non pasteurisées. La Reninge Bitter Blond, de fermentation mixte, est mélangée lors de la mise en bouteille avec du lambic d'un an produit par la brasserie.

La mousse est abondante et aérienne sur une robe cuivrée et voilée. Le gushing à l'ouverture n'altère en rien les arômes puissants de levure sauvage aux notes d'agrume, sur un arrière-plan légèrement herbacé de houblon. Au palais, le fruité des agrumes domine, mêlé de foin et d'épices, avant d'évoluer vers les saveurs franches et gourmandes de la fermentation spontanée. En fin de bouche, l'amertume houblonnée équilibre l'acidité puissante. Parfaite à l'apéritif, cette bière rare s'accorde avec des mets raffinés. Servez-la entre 8 et 10 °C.

RODENBACH ALEXANDER

Brasseur : **Brasserie Rodenbach [Roeselare]**

Catégorie : **oud bruin**

Alcool : 5,6 %

En 1986, pour le 200e anniversaire d'Alexander Rodenbach, le cofondateur de la tradition de brassage éponyme, la Rodenbach Alexander est brassée pour la première fois. Cette bière en est le souvenir 30 ans plus tard ! Brassée en édition limitée, c'est l'une des bières les plus primées au monde.

Une fine mousse blanc crème couronne sa robe ambrée aux reflets rougeoyants. Au nez, ses arômes doux et maltés s'accompagnent de notes de cerise et de bois. En bouche, on retrouve des saveurs de fruits, de malt, de vin rouge, de houblon et de bois. Bière riche et complexe, elle se compose pour deux tiers d'une Rodenbach vieillie deux ans en fût et, pour le tiers restant, d'une bière plus jeune macérée avec des cerises acides. En apéritif avec des fromages, mais aussi avec des desserts, ses arômes se déploient pleinement entre 6 et 10 °C.

Bières belges

ROSÉ DE GAMBRINUS

Brasseur : **Cantillon (Bruxelles)**
Catégorie : **lambic**
Alcool : **5 %**

La Rosé de Gambrinus (anciennement Cantillon framboise) n'a été rebrassée qu'en 1973 ! La brasserie. la seule à produire des lambics à Bruxelles. ne sait pas quand elle a été brassée pour la première fois. mais ils en ont retrouvé des traces dans des inventaires de 1909-1910 où le stock de bouteilles de framboise était plus important que celui de la kriek. Le brassage est. depuis 1979. 100 % pur et naturel. il n'est plus fait usage de saccharine pour adoucir la gueuze. ce qui permettait une fermentation et une commercialisation plus rapides. Ils ont fait le choix d'un produit à la fermentation lente et naturelle.

C'est un produit rare très recherché par les spécialistes et amateurs de lambic. Sa robe rouge rosé très pétillante, surmontée d'une mousse blanche fine et crémeuse, invite à la gourmandise. Au nez comme en bouche, c'est bien sûr la framboise qui s'impose. De fait, on utilise entre 200 et 300 g de framboises de Serbie par litre qui sont assemblées avec un lambic de 20 mois, au goût moelleux. Après deux à trois mois de maturation, il est ensuite assemblé avec un jeune lambic d'un an, ce qui apporte les sucres nécessaires pour la seconde fermentation en bouteille. Le résultat : un bel équilibre entre acidité, touche boisée et parfum de framboise. Astringente et très désaltérante, elle sera dégustée à 12 °C pour que les saveurs s'expriment pleinement. Jeune, on aura toute la puissance du fruit alors qu'après plusieurs années de vieillissement, on profitera plutôt du goût si singulier du lambic. Malgré tout, le brasseur conseille de la boire dans les 10 ans. L'étiquette arrière indique la date de mise en bouteille.

CANTILLON
Rosé de Gambrinus
CANTILLON

SAISON D'ERPE-MERE

Bières belges

Brasseur : **Brasserie De Glazen Toren (Erpe-Mere)**

Catégorie : **saison**

Alcool : 6,9 %

Jef Van Den Steen, l'un des deux brasseurs, a découvert il y a plus de 30 ans la saison Dupont de la brasserie Dupont. Ce fut pour lui une révélation et la naissance d'une passion. En 2004, quand il s'est lancé dans l'aventure de la microbrasserie, c'est tout naturellement qu'il a décidé de créer sa saison, en souvenir de la bière digeste et populaire qui l'avait tant marqué. L'emballage papier qui entoure la bouteille permet de protéger la bière de la lumière, et est avant tout lié à la tradition. Auparavant, les bouteilles étaient transportées dans des casiers en bois sans séparations et les emballages leur permettaient de ne pas se casser en se heurtant.

Cette blonde légèrement trouble – ce qui est dû à l'utilisation des levures – surmontée d'une mousse blanche et persistante, saura charmer les amateurs de bulles, car elle est très pétillante. On sent d'abord la cohabitation des malts et houblons : des notes de froment marquées, des senteurs d'épices avec de petites notes poivrées ainsi qu'une pointe de pêche. Rafraîchissante et goûteuse, son attaque est franche et on apprécie ses notes acidulées provenant du froment ainsi que sa saveur florale. La finale est longue et fraîche, l'amertume est bien dosée, on reste sur une saveur douce et sèche. Idéale à l'apéritif, elle accompagne aussi parfaitement les plats simples comme les pizzas et les salades, ou encore les fromages peu affinés. Pour en apprécier toute la fraîcheur et les arômes, on conseille de la déguster à environ 7 °C, dans un verre élancé et sans pied.

DE GLAZEN TOREN
BROUWERIJ
SAISON d'ERPE-MERE
USA DRAFT'S
TOP 25
BEERS of the YEAR
DE GLAZEN TOREN
BROUWERIJ
SAISON d'ERPE-MERE
BREWED IN BELGIUM

SAISON 1858

Brasseur : **Brasserie du Bocq (Purnode)**

Catégorie : **saison**

Alcool : 6,4 %

Médaille d'or dans la catégorie meilleure Bière de Garde/Saison aux World Beer Awards 2013 et médaille d'or dans la catégorie Saison aux International Beer Awards 2013, cette blonde non filtrée et brassée à l'ancienne est particulièrement rafraîchissante. Elle est donc un peu brumeuse avec de fines bulles et une mousse bien blanche, très abondante et tenace. Elle dégage des arômes floraux, de tilleul surtout, et des parfums fruités (citrus) et houblonnés. En bouche, l'attaque est assez amère et houblonnée, on a des saveurs de froment. La finale est fruitée et équilibrée. Servie entre 6 et 9 °C, elle est idéale à l'apéritif, elle accompagne également très bien les barbecues, mais aussi les spécialités méditerranéennes et les plats de poisson acidulés type ceviche.

SAISON CAZEAU

Brasseur : **Brasserie de Cazeau (Templeuve)**

Catégorie : **saison**

Alcool : 5 %

La création de la brasserie remonte au XVIIIe siècle. Reprise en 1856 par Jean-Baptiste Agache, elle prospère jusqu'à la Première Guerre qui stoppe son activité. Après de nombreuses périodes d'interruption, le brassage reprend en 2004 grâce à Laurent Agache et à son cousin, Quentin Mariage.

Blonde à la robe jaune paille un peu trouble, la Saison Cazeau se pare d'une mousse blanche et ferme. Son nez très floral évoque les fleurs de sureau. La première sensation rafraîchissante est suivie d'une amertume caractéristique du type Saison, la finale amère et sèche fait la part belle au sureau. Cette bière plaira aux amateurs de pale ale, qui la siroteront bien fraîche (pas plus de 6 °C) en terrasse, l'été. Elle s'impose à l'apéritif, mais se marie également bien avec le sucré.

SLAAPMUTSKE
CHRISTMAS

Brasseur : Brasserie Slaapmutske (Melle)
Catégorie : bière de Noël
Alcool : 7,4 %

« Slaapmutske » se traduit par « bonnet de nuit » ou « dernier verre ». Drôle de nom pour une bière ! Les brasseurs Dany et Marleen de Smet auraient pourtant décidé de l'appeler ainsi après avoir réussi à endormir leur fils en pleurs avec une goutte de ce précieux breuvage.
La robe est foncée et trouble et la mousse beige, fine et crémeuse colle au verre. Cette brune charme l'odorat par ses arômes doucement épicés et sucrés. La saveur, d'abord ronde et chaude, s'épice en milieu de bouche, alors que la finale sèche se teinte d'amertume. Il ne faut pas chercher d'épices dans cette bière, son goût si particulier ne lui vient que des houblons et des malts. Savourez-la avec un rôti d'agneau ou un fromage comme le gouda, sachant que ses qualités gustatives se révèlent aux alentours de 10 °C.

ST. BERNARDUS ABT 12

Brasseur : **Brasserie St. Bernardus (Watou)**
Catégorie : **abbaye/quadruple**
Alcool : 10 %

La recette de cette bière, qui date de 1946, ressemble beaucoup à celle de la fameuse Westvleteren 12. Même si elle n'est pas brassée par des moines, la St. Bernadus, une belle brune à la robe acajou sombre et au col de moelleuse mousse beige, respecte les recettes trappistes. Son parfum profond, épicé, aux notes caramélisées évolue vers le pruneau, la figue et le raisin sec. Épaisse et plate en attaque, elle évolue vers la rondeur avec des nuances de caramel, avant de déployer ses notes de poivre, de pruneau et de chocolat, et de conclure sur un velouté doux-amer. Cette bière séduira les amateurs de Westvleteren qui y retrouveront les mêmes qualités gustatives. Elle se sert entre 8 et 12 °C et se savoure comme une chaleureuse eau-de-vie.

ST FEUILLIEN GRAND CRU

Brasseur : **Brasserie St-Feuillien (Le Rœulx)**
Catégorie : **pale ale**
Alcool : 9,5 %

Médaille d'or aux World Beer Awards de Londres en 2011 et recommandée comme meilleure bière belge en 2012, la St Feuillien Grand Cru bénéficie d'un brassage par infusion, d'une garde d'un mois en cuve, suivie d'une fermentation en bouteille de 15 jours minimum.

Elle surprend par l'or pâle et limpide de sa robe, autant que par sa mousse blanche, fine et aérienne qui s'éclate en dentelle. Le nez houblonné avec des arômes fruités, épicés et levurés est typique de cette brasserie. Ronde en bouche, peu houblonnée, assez lisse et très agréable, sa finale légèrement sucrée avec des notes fruitées se caractérise par une quasi-absence d'amertume. Facile à boire, on la savoure en apéritif, avec un risotto au poulet ou du fromage. On conseille une température de 8 à 10 °C pour profiter au mieux de ses qualités.

ST. PAUL TRIPLE

Brasseur : **Brasserie Sterkens (Meer)**
Catégorie : **triple**
Alcool : 7,6 %

La St Paul Triple a été élue meilleure bière belge de plus de 6 %, au Hong Kong International Beer Awards en 2010. Cette bière blond doré, à la robe légèrement trouble et à l'abondante mousse blanche, doit sa renommée à l'immense savoir-faire de la famille Sterkens, dont la tradition brassicole perdure depuis 1651.
Au nez, elle développe des arômes de fruits jaunes (pêches, mirabelles ou brugnons) et une acidité teintée de caramel. La saveur des malts combinée à celle des houblons apporte des parfums herbacés et épicés, avec un soupçon d'astringence en fin de bouche. La finale est fruitée sur une légère amertume durable. Désaltérante et digeste, la St Paul est facile à boire. On la servira aux alentours de 8 °C, à l'apéritif ou pour accompagner une viande blanche.

STEENUILKE

Brasseur : **Brasserie De Ryck (Herzele)**
Catégorie : **ale**
Alcool : 6,5 %

L'originalité de cette bière tient à son projet de départ : le soutien de la chouette chevêche, menacée dans les Ardennes flamandes. Pour être écologique, la Steenuilke n'en a pas moins reçu la médaille d'argent à l'European Beer Star 2012. La recette comporte trois plantes régionales évoquant la forêt, l'aspérule odorante, l'angélique et le prunellier. La robe cuivrée, légèrement voilée et finement pétillante, arbore une abondante mousse blanche. De subtils arômes d'herbes et d'épices s'en dégagent. En bouche, elle se révèle rafraîchissante et onctueuse avec un bel équilibre entre épices, saveurs de malt et légère amertume. Le charme bucolique de la Steenuilke plaira à tous. Facile à boire, elle se sert entre 6 et 8 °C. Tentez l'accord avec des mets ou dégustez-la à l'apéritif, à l'orée d'un bois.

LES SAVEURS
DE LA BIÈRE

Servir une bière sollicite deux sens : l'odorat et le goût. Notre palais peut distinguer les saveurs de base qui sont le sucré, le salé, l'acide, l'amer et l'umami, qui sont présentes dans la nourriture, mais aussi dans la bière.

Le sucré
Toutes les bières, ou presque, ont un quelque chose de sucré, comme un goût de biscuit ou de mélasse. Le sucre joue un rôle essentiel dans certains styles de bière comme la barley wine, les scotch ales et les milk stout. Dans les autres bières, plus faciles à boire, cela demeure en arrière-plan, car le sucre équilibre l'amertume du houblon ou l'astringence du malt torréfié.

Le salé
On ne détecte pas le goût du sel (hormis dans les bières brassées avec de l'eau de mer ou de l'eau de source minéralisée), mais la présence de sodium, qui renforce la perception d'air marin, sans qu'il y ait pour autant de sel dans la bière.

L'acide
L'acidité offre des sensations rafraîchissantes et peut mettre l'eau à la bouche. Elle peut également équilibrer d'autres saveurs. Mais la sensibilité à l'acide varie beaucoup d'une personne à une autre, certains se régalent d'une bière acide, d'autres pas.

L'amer
L'amertume est pour la majorité des consommateurs une question d'équilibre. Plus il y a de sucres résiduels par rapport aux houblons utilisés et un degré alcoolique suffisant, mieux l'amertume sera supportée.

L'umami
C'est la dernière saveur identifiée par le Japonais Kikunae Ikeda. On la ressent quand on mange des aliments comme le parmesan, la charcuterie, la sauce soja... Cette saveur se retrouve dans les bières vieillies en fûts de bois.

Au-delà de ces cinq saveurs de base, on retrouve différents goûts dans la bière.

Fruits, fleurs et herbes

banane, cassis, cerise, citron (jaune et vert), fraise,
framboise, fruit de la Passion, grenade, groseille, litchi,
mangue, melon, mûre, orange, pamplemousse,
poire, pomme, pruneau...

coquelicot, fleur de sureau, foin, géranium,
lavande, souci, rose...

basilic, feuille de coriandre, laurier, ortie,
persil, sauge...

Légumes et fruits secs

céleri, maïs, tomate...
amande, noix, noix de coco...

Bois et épices

acajou, bois de santal, cèdre, châtaignier,
chêne, pin, réglisse, résine...
cannelle, clou de girofle, graine de coriandre,
noix de muscade, piment, poivre, vanille...

Sucreries

bonbon, café, caramel, cassonade, chocolat au lait, chocolat noir,
mélasse, miel, moka, sucre roux...

Vins et spiritueux

bourbon, cognac, madère, muscat, porto, rhum,
vin blanc sec, vin rouge, whisky, xérès...

Cette liste n'est pas exhaustive et beaucoup d'autres saveurs peuvent être encore décrites. Chacun pourra la compléter selon son palais.

STRAFFE HENDRIK WILD

Brasseur : **Brasserie De Halve Maan (Bruges)**
Catégorie : **triple**
Alcool : 9 %

Pour préserver les pavés de la ville de Bruges, la brasserie De Halve Maan a fait construire un pipeline souterrain pour acheminer la bière du lieu de production à l'usine d'embouteillage. Le long de ses 3 km, 4000 litres de bière coulent toutes les heures.
La Straffe Hendrik Wild est une version spéciale, mise en bouteille une fois par an, de la Straffe Hendrik Tripel, brassée avec des variétés de houblons aromatiques et refermentée avec des levures sauvages. Les saveurs en bouche sont fruitées, acidulées et épicées (clou de girofle, coriandre et poivre). L'amertume est agréable avec des notes épicées qui vont s'atténuer au fil des ans car la bière continue d'évoluer. Pour apprécier sa complexité et son originalité, on conseille de la déguster entre 6 et 8 °C.

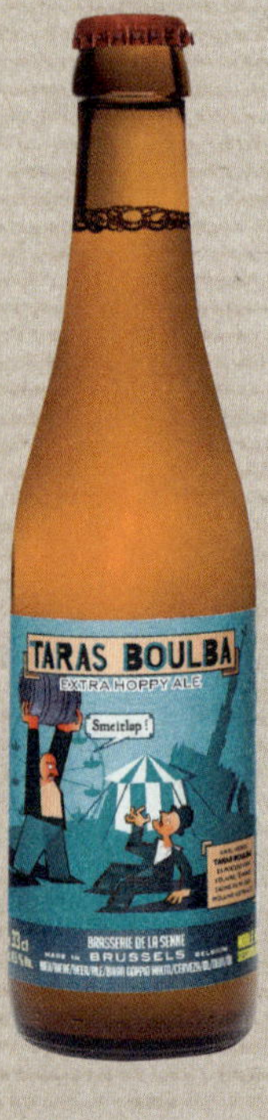

TARAS BOULBA

Brasseur : **Brasserie de la Senne (Bruxelles)**
Catégorie : **pale ale**
Alcool : 4,5 %

Créée à l'origine par deux amis dans un garage, cette brasserie a connu un succès si rapide que les apprentis brasseurs ont dû, dans un premier temps, utiliser les capacités excédentaires d'autres brasseries avant de pouvoir enfin monter la leur ! D'une jolie couleur blond paille, sa robe est limpide. Au nez, les senteurs sont fraîches, florales, avec également des notes de pamplemousse et de zestes d'agrume. En bouche, des saveurs d'agrumes, légèrement herbacées, révèlent la franche amertume désaltérante qui fait toute la personnalité de cette bière. Brassée à l'ancienne, avec des matières premières nobles, elle est non filtrée, non pasteurisée et sans additif. Il est conseillé de la servir entre 4 et 6 °C, à l'apéritif, mais également l'été, en accompagnement de plats simples comme des grillades, des poissons ou des salades composées.

TIMMERMANS LAMBICUS BLANCHE

Brasseur : **Brasserie Timmermans (Itterbeek)**
Catégorie : **blanche**
Alcool : 4,5 %

Cette bière de fermentation est produite par la brasserie Timmermans dont la réputation remonte au XIIIe siècle. Elle offre à l'œil une robe jaune paille et trouble, coiffée d'une mousse blanche et épaisse de peu de tenue. Ses arômes sont acides, typiques des lambics, avec de belles notes d'agrumes et une légère touche de sucre. La saveur d'attaque est acidulée, la douceur arrive en milieu de bouche et la finale est un peu sèche. On y sent les agrumes (orange) et les épices (coriandre) caractéristiques du genre. Rare bière blanche, voire la seule, travaillée avec du lambic, elle plaira à ceux qui aiment un goût naturellement citronné. Rafraîchissante, elle est idéale pour étancher les soifs estivales à une terrasse. À déguster entre 4 et 6 °C.

TONGERLO PRIOR TRIPLE

Brasseur : **Brasserie Haacht (Boortmeerbeek)**
Catégorie : **abbaye**
Alcool : 9 %

Élue meilleure bière blonde d'Europe au World Beer Awards de 2011, la Tongerlo fut brassée jusqu'à la Première Guerre mondiale par les Prémontrés de l'abbaye de Tongerlo, avant d'être confiée à la brasserie Haacht.
Sa robe est dorée et limpide avec une belle pétillance et une mousse blanche, crémeuse. Ses arômes fruités et épicés séduisent avant d'étonner par un soupçon d'amertume. L'attaque est douce, toujours avec des notes de fruits et d'épices, enrichies de caramel et de levure. Une amertume agréable se manifeste en fin de bouche, accompagnée d'une légère astringence. Cette bière d'abbaye réputée, forte en goût et en alcool, séduira les palais avertis. Elle s'impose à l'apéritif, avec un plateau de fromage ou de charcuterie. On conseille de la servir aux alentours de 7 °C.

TRAPPISTES ROCHEFORT 8

Brasseur : **Abbaye Notre-Dame de Saint-Remy (Rochefort)**
Catégorie : **trappiste**
Alcool : **9,2 %**

C'est la bière la plus connue de cette abbaye, elle était servie à l'origine lors des fêtes de fin d'année. La brasserie possède sa propre souche de levure et l'eau pure est puisée à une source proche de l'abbaye.
Cette brune chocolat aux reflets acajou se pare d'une belle mousse beige, persistante. Son bouquet est splendide, doux et épicé avec des notes de cacao torréfié, de levure, de fruits et un retour de vapeur d'alcool. Les saveurs de chocolat et de caramel adoucissent l'attaque épicée et les fruits rouges, persistants dans la longueur, provoquent une finale bien équilibrée. Elle plaira aux amateurs de brunes fortes avec une belle rondeur en bouche. Parfaite avec une viande rouge grillée ou mijotée, elle se marie aussi aux fromages de vache. Pour exalter ses qualités, on conseille de la servir entre 12 et 14 °C.

TRIGNAC XII

Brasseur : **Brasserie Van Honsebrouck (Ingelmunster)**
Catégorie : **triple**
Alcool : **12 %**

Une triple (Kasteel Triple) mûrie en fûts de cognac (d'où le nom Tri-Gnac), cela donne un caractère et une saveur unique dans le monde de la bière. Les fûts de chêne utilisés, de 300 litres, ont vu vieillir le cognac deux ans, période pendant laquelle les pores du bois vont s'imprégner des saveurs qui font toute la richesse de cette bière. La robe est orange doré coiffée d'une mousse dense et persistante. Au nez, on reconnaît des arômes de banane, de vanille et d'alcool avec de légères notes de vin. À la dégustation, on retrouve les mêmes arômes, renforcés par la chaleur de l'alcool. Elle se savoure en fin de repas, de 12 à 16 °C.

TRIOMF

Brasseur : **Brasserie Dupont (Tourpes)**
Catégorie : **smoked ou bière fumée**
Alcool : 6 %

La brasserie Dupont est une entreprise familiale spécialisée dans la fabrication de bières refermentées en bouteille. Elle a été sollicitée pour créer une bière à l'occasion du 100e anniversaire du Kunstencentrum De Vooruit de Gand (centre d'art culturel) qui voulait ainsi rappeler son activité brassicole des années 1900. Le succès a été tel qu'il a été décidé d'ouvrir la production pour l'ensemble de la clientèle. Cette bière fumée, brassée avec un malt spécialement séché avec de la tourbe écossaise, présente une robe ambrée dotée d'une fine effervescence surmontée d'une mousse blanc ivoire crémeuse plutôt abondante qui colle aux parois du verre. Au nez, on reconnaît des arômes de fumé, de fruits et de malt grillé. En bouche, les saveurs sont herbacées et fruitées avec des notes de malt, de fleurs, de caramel et de fumé, plus précisément de tourbé. Servie à environ 12 °C, ou légèrement rafraîchie, elle ravira les amateurs de bière fumée et de whisky.

TRIPLE CAUWE

Brasseur : **Brasserie de Silly (Silly)**
Catégorie : **triple**
Alcool : 8 %

Créée en 1795, la brasserie Cauwe a disparu en 1956, après avoir connu son heure de gloire au début du XXe siècle. En 2010, deux jeunes entrepreneurs ont repris l'aventure et lancé la Triple Cauwe qu'ils font produire à la brasserie de Silly.
Belle à voir avec sa robe dorée, surmontée d'une abondante mousse blanche, elle est aussi agréable à sentir avec ses puissants arômes de malt et d'épices, suivis d'une légère touche florale de houblon. En bouche, la rondeur est agréable, les papilles détectent des saveurs de malt et de houblon qui se marient harmonieusement aux notes épicées de la coriandre et du gingembre. On termine sur une sécheresse et une amertume persistantes et longues. Les amateurs apprécieront le bel équilibre de cette triple, à déguster entre 8 et 11 °C, à l'apéritif ou avec une flammekueche.

TRIPLE D'ANVERS

Brasseur : Brasserie De Koninck [Anvers]
Catégorie : triple
Alcool : 8 %

Sur l'étiquette figure une main empruntée aux armoiries de la ville d'Anvers pour rappeler l'ancrage de la brasserie dans cette ville portuaire. De Koninck propose une blonde à la robe ambrée, couronnée d'une jolie mousse blanche peu persistante. Au nez, les arômes de levure prononcés s'associent à des effluves fruités et houblonnés, relevés d'une touche de malt caramélisé. L'harmonieux mariage entre la douceur du caramel et l'amertume du houblon se retrouve à la dégustation avec un assez bel équilibre en fin de bouche. Cette bière sympathique et franche est parfaite à l'apéritif, mais elle s'accorde aussi à une poêlée de champignons, une salade d'endives au jambon de Parme ou un bon gruyère. C'est entre 7 et 10 °C que ses qualités s'exprimeront pleinement.

TRIPLE IMPÉRIALE

Brasseur : Brasserie de l'abbaye des Rocs [Montignies-sur-Roc]
Catégorie : triple
Alcool : 10 %

« Sans une bonne eau, pas de bonne bière », aime à rappeler le brasseur. De fait, les bières de l'abbaye des Rocs sont brassées avec l'eau provenant d'un forage local dans un sous-sol rocheux. Locaux aussi, les produits biologiques qui rentrent dans la composition des bières qui sont aussi sans additifs ni colorants. À sa création en 1979, la brasserie familiale a lancé le mouvement des microbrasseries en Belgique. Cette triple présente une robe rouge très foncée coiffée d'une mousse beige et généreuse. Au nez, on est séduit par le parfum des fruits rouges, de malt caramel et des notes florales. On retrouve ces fruits rouges à la dégustation avec, là encore, des notes de caramel. La finale est longue et douce. Bière de dégustation, on conseille de la servir entre 9 et 14 °C pour en apprécier toutes les nuances.

TRIPLE MOINE

Brasseur : **Brasserie du Bocq (Purnode)**
Catégorie : **triple**
Alcool : **7,3 %**

Si le nom de Triple Moine évoque les bières d'abbaye, c'est surtout pour guider le consommateur dans son choix, car la brasserie du Bocq n'a rien de monastique.
La mousse de cette blonde est blanche, fine et généreuse et sa robe jaune d'or lumineuse. Le nez est d'abord séduit par les parfums épicés et fruités de pomme verte et d'abricot, qui cèdent le pas aux notes de malt et de houblons fins. Équilibrée et ronde, elle a peu d'amertume. Les papilles retrouvent avec plaisir les saveurs fruitées, enrichies d'un soupçon de miel. La finale est longue sur une légère amertume, mais sans lourdeur. Cette bière puissante et riche se révèle facile à boire, que ce soit à l'apéritif, avec une viande ou un potjevleesch. On conseille de la servir entre 8 et 10 °C.

TRIPEL KANUNNIK

Brasseur : Brasserie Wilderen (Wilderen)
Catégorie : triple
Alcool : 8,2 %

La microbrasserie Wilderen est ultramoderne, mais installée dans un bâtiment industriel de 1743. Elle produit une bière, manifestement filtrée, avec refermentation en bouteille, qui séduit par sa robe d'un or net et limpide, surmontée d'une mousse blanche et fine, de tenue moyenne. Au nez, les arômes sont épicés, teintés d'une touche de citron et de céréales. En bouche, on découvre d'abord une fraîcheur qui laisse place à une saveur douce et épicée, et un arrière-goût suave dû à l'utilisation de variétés raffinées et de houblons nobles. Cette bière, brassée avec quatre types de céréales – orge, blé, avoine et seigle – se déguste entre 7 et 10 °C, avec des plats robustes de type potées ou des mets aux saveurs vinaigrées. Amateurs de triple belge et de Karmeliet triple, vous trouverez là votre bonheur !

TRIPORTEUR FROM HELL

Brasseur : Brasserie BOM (Bree)
Catégorie : ale
Alcool : 6,6 %

BOM (Belgian Original Maltbakery & Brewery) est un brûleur de malts qui cultive son malt et l'exploite dans les 24 heures qui suivent sa torréfaction. La recette, très maltée donc, n'est connue que de Bert Van Hecke, malteur et maître brasseur.

Brune légèrement trouble à opaque avec très peu de perlage, une mousse beige crémeuse et homogène, elle exhale des arômes de pain grillé, de levure et de caramel. En bouche, elle est douce et épicée avec des saveurs de café et de caramel ainsi que des notes de réglisse. Les houblons belges apportent une légère amertume. La finale est ronde et épicée. À noter : le goût de cette bière évolue avec le temps. À déguster entre 7 et 10 °C, notamment avec une viande rouge grillée ou un dessert à base de chocolat noir.

TROUBADOUR WESTKUST

Brasseur : **Brasserie The Musketeers (Ursel)**
Catégorie : **black IPA**
Alcool : 9,2 %

Westkust pour « côte ouest » rappelle évidemment le nom de cette côte flamande de la Belgique où est cultivé le houblon.
Au verre, la robe est foncée, presque noire, surmontée d'une dense mousse beige. Au nez, sa belle torréfaction s'accompagne de notes de café, de vanille et de boisé, avec une légère promesse d'amertume. Les houblons belges s'expriment magnifiquement en bouche, se mariant à merveille avec les arômes de chocolat et de malt teintés d'une pointe de fumé. La saveur est ronde et chaude, à la fois houblonnée et torréfiée et la finale sèche, longue et moyennement amère. Cette imperial IPA noire (d'où son taux d'alcool) est magnifiquement réalisée avec des houblons 100 % belges. Elle se déguste entre 7 et 10 °C et s'accorde bien à la vanille d'une glace.

TROUBLETTE

Brasseur : **Brasserie Caracole (Falmignoul)**
Catégorie : **blanche**
Alcool : 5,5 %

Cette petite brasserie wallonne, proche de Namur, a choisi l'escargot pour orner ses étiquettes. Ce symbole de lenteur est gage de qualité pour ces brasseurs qui, fait extrêmement rare, prennent le temps de travailler de manière traditionnelle, dans des cuves en cuivre chauffées au bois. La Troublette est une bière blanche de blé et de froment, à la robe dorée et trouble. Au nez, les arômes maltés et de fleur d'oranger lui donnent une agréable sensation de fraîcheur. En bouche, le goût des céréales est bien présent, mais les fruits, comme la mangue et la pomme, ainsi que les saveurs de levures et de coriandre provoquent une finale légèrement acide et désaltérante. Une acidité appréciable à l'apéritif, mais qui accompagnera aussi de manière idéale les plats de poissons et de crustacés. Servez-la de préférence assez fraîche, entre 5 et 7 °C.

URTHEL SAMARANTH

Brasseur : **Brasserie Urthel (Ruiselede)**
Catégorie : **quadruple**
Alcool : **11,5 %**

On raconte que cette bière a été brassée pour la première fois pour le mariage de la brasseuse Hildegard van Ostaden. Au lieu de servir du vin comme c'était l'usage, on servit ce jour-là une ale spéciale aux invités. Le succès, comme on peut le voir, dépassa largement les circonstances.
Cette brune ambrée présente un très subtil goût aigre-doux, riche en arômes de fruits séchés. La fin de bouche est amère et sèche avec une note de chocolat. Bière très aromatique, elle se savoure plutôt en hiver entre 8 et 10 °C comme bière de dégustation ou pour l'apéritif, mais elle accompagne aussi très bien un plat de gibier ou du fromage fort.

V CENSE

Brasseur : **Brasserie de Jandrain-Jandrenouille (Jandrain-Jandrenouille)**
Catégorie : **ale**
Alcool : **7,5 %**

C'est une bière naturelle, faite à partir de trois malts d'orge différents, non filtrée, non pasteurisée et refermentée en bouteille. Le brasseur y ajoute aussi une épice dont il garde le secret. Sa robe orangée et brumeuse est surmontée d'une épaisse mousse blanche d'où s'échappent des arômes finement parfumés et très fruités. En bouche, c'est la douceur fruitée de l'abricot qui l'emporte avec de légères notes de caramel et de fruits secs et de subtiles touches poivrées. La finale est sèche avec une légère note résineuse. Cette jolie bière servie entre 5 et 8 °C plaira au plus grand nombre, à l'heure de l'apéritif ou en accompagnement d'une viande grillée ou de fromages.

VANDERGHINSTE ROOD BRUIN

Brasseur : **Brasserie Omer Vander Ghinste (Bellegem)**

Catégorie : **oud bruin**

Alcool : 5,5 %

La brasserie, fondée en 1892 par Remi Van der Ghinste, a créé la fameuse pils « Bockor ». Après avoir adopté le nom de cette bière à succès, en 2014, l'établissement a repris celui de son fondateur avec l'engouement pour les bières spéciales.
Par transparence, la robe de cette brune s'éclaire de reflets rouges. Sa mousse beige, abondante quand on la sert, s'affaisse vite. L'arôme est doux, acidulé avec quelques touches fruitées et boisées. En bouche, se dégage un bel équilibre entre le fruité de la levure, la légère douceur et le goût acidulé, suivi d'une subtile amertume et d'un soupçon de moelleux. La finale est rafraîchissante. Cette excellente bière de fermentation mixte mature pendant environ 18 mois, avant d'être coupée avec un lambic. On la sert fraîche, entre 5 et 6 °C, à l'apéritif avec de petites crevettes grises.

VICARIS TRIPEL/GUEUZE

Brasseur : **Brasserie Dilewyns (Dendermonde)**

Catégorie : **sour**

Alcool : 7 %

La Vicaris Tripel, qui ne se trouve qu'en été, serait née du mélange fortuit de deux bières versées dans un verre de dégustation, sur le stand d'une fête !
Au verre, la robe est cuivrée, quant à la mousse blanche très fine, elle rappelle celle des gueuzes. Les arômes de malt et de levure se font sentir avant les notes fruitées d'agrumes et de raisin. En bouche, c'est l'acidité et le fruité qui dominent jusqu'à ce que le palais et la gorge soient réchauffés par l'alcool. La finale est sèche et fruitée avec une acidité longue. Cette bière de fermentation mixte, très bien réalisée, séduira l'amateur de triple belge habitué aux goûts acides. Rafraîchissante l'été, elle s'accorde avec la viande, le poisson ou les desserts. On conseille de la servir aux alentours de 6 à 9 °C.

VIVEN PORTER

Brasseur : Brasserie Van Viven [Sijsele Damme]

Catégorie : porter

Alcool : 7 %

Tony Traen, qui a repris la chapelle Van Viven, devenue brasserie Van Viven en 2003, a amélioré les deux recettes d'origine et développé la gamme des bières proposées. Cette Viven Porter, à la robe sombre et à l'abondante mousse beige, dégage des arômes torréfiés de café et de malt, relevés d'une légère touche florale de houblons. En bouche, les saveurs grillées, torréfiées et fumées se développent en parfaite harmonie, ponctuées de quelques fines notes de chocolat. On découvre, en fin de gorgée, une amertume persistante dans la longueur, caractéristique de cette bière peu pétillante et très agréable à boire. Avec ses saveurs caramélisées, elle accompagne bien les grillades, le saumon fumé ou le cheddar, et se révèle excellente pour les marinades. On conseille de la déguster entre 5 et 8 °C.

WESTMALLE
DUBBEL

Brasseur : **Abbaye Notre-Dame du Sacré-Cœur de Westmalle (Westmalle)**

Catégorie : **trappiste**

Alcool : **7 %**

La Westmalle est l'une des rares bières trappistes belges, elle est brassée depuis le XIXe siècle dans la brasserie qui jouxte l'abbaye. D'une belle couleur acajou avec une mousse ivoire, abondante et persistante, elle développe des arômes richement maltés dont les fortes notes florales, les touches d'alcool caramélisé et un soupçon de levure fruitée ravissent l'odorat. Sa complexité se révèle à la dégustation dans des saveurs de chocolat, d'expresso, de pain grillé et de fruit (banane mûre), équilibrées par l'épice de la réglisse et la subtilité du houblon. La finale est longue sur le malt avec une légère amertume sèche. On la servira entre 8 et 14 °C, en évitant de verser le dépôt de levure dans le verre. Elle s'exprimera sur le fromage de l'abbaye, autant que sur une poire Belle-Hélène.

WESTVLETEREN XII

Bières belges

Brasseur : Abbaye Sint-Sixtus (Vleteren)

Catégorie : trappiste

Alcool : 10,2 %

Ne la cherchez pas en magasin, c'est la plus difficile des trappistes à se procurer. Elle n'est vendue qu'à l'abbaye ou à l'auberge qui la jouxte. Ce qui la rend rare avec une forte demande, c'est que la quantité de production est limitée. Et, malgré son énorme succès, les moines refusent de modifier les quantités de brassages, le circuit de distribution ainsi que leur mode de vie (si l'on excepte une petite entorse en 2011-2012 pour permettre de réhabiliter les bâtiments de l'abbaye).

Cette bière a été élue plusieurs fois depuis 2005 « meilleure bière au monde » par un site américain. C'est une bière qui poursuit sa maturation pendant plusieurs années et dont le goût va constamment évoluer. On estime qu'au bout de deux ans, elle a pleinement développé ses saveurs. Non filtrée et non pasteurisée, elle se présente en robe acajou liquoreuse, coiffée d'une mousse blanche et stable qui colle à la paroi du verre. On ressent d'abord des arômes sucrés de raisin sec, de noix et de malts torréfiés avant de goûter des saveurs de caramel et de malt ainsi qu'un goût riche de levure. On peut parfois ressentir une saveur de banane. La finale est amère et longue mais la Westvleteren XII reste une bière plutôt ronde. Idéale en fin de soirée, c'est une bière de méditation qui se suffit à elle-même. Pour que ses goûts s'épanouissent pleinement, on conseille de la déguster entre 12 et 14 °C.

Westvleteren
XII
Westvleteren
XII
Westvleteren
XII

WIEZE
TRIPLE

Brasseur : Brasserie Wieze Beer [Gijzegem]
Catégorie : triple
Alcool : 8,5 %

La Wieze Triple est brassée selon une recette unique, en hommage au patrimoine et à la tradition de la brasserie. Depuis son lancement en avril 2014, elle a déjà reçu plusieurs prix internationaux, dont la médaille d'or à Bruxelles, dans la catégorie « Best Belgian Style Triple 2014 ». La robe limpide, d'un or franc, est couronnée d'une mousse blanche, abondante et compacte qui tient aux parois du verre. Les arômes de grains et d'alcool sont plutôt classiques, mais sa fraîcheur surprend, avant de laisser place à une intensité inattendue en milieu de bouche. Sèche au palais, elle descend dans la gorge juste au moment où le goût s'estompe et finit sur une note douce-amère. On la sert entre 6 et 8 °C, pour un apéritif entre amis avec du gouda ou des crackers au fromage.

WILD WEST
PLUM EDITION

Brasseur : **Brasserie Alvinne (Moen)**

Catégorie : **sour**

Alcool : 6 %

Édition limitée, cette bière fruitée est brassée une fois par an avec des prunes. La bière et les fruits frais macèrent plus de trois mois, puis vieillissent six mois dans d'anciennes barriques de pomerol en bois.

Cette blonde trouble de couleur orange sanguine est peu pétillante, sa mousse est blanche et fine. S'en dégagent des arômes de prune et des notes de terre. Comme le veut le style, elle est légèrement sûre avec des saveurs délicieuses de prune et de fruits noirs. La finale est sèche avec une acidité persistante. Les amateurs d'acidité et de lambic l'apprécieront entre 6 et 9 °C toute l'année. Pour ceux qui veulent s'initier à ses saveurs, les beaux jours sont parfaits.

Bières

FRANÇAISES

LA BOULEDOGUE
bière artisanale
Ambrée Gingembre
SAINT MARTIN
BITUME
Le Moulin de
SAINT-MARTIN
BIÈRE AMBRÉE ARTISANALE
Tête de Mule
RECETTE ORIGINALE BRASSÉE
DE FAÇON TRADITIONNELLE

3 MONTS
GRANDE RÉSERVE

Brasseur : **Brasserie de Saint-Sylvestre [Saint-Sylvestre-Cappel, 59]**

Catégorie : **bière de garde**

Alcool : 9,5 %

Tout le monde connaît la 3 Monts avec sa traditionnelle étiquette représentant un moulin à vent, une houblonnière et l'abbaye du Mont des Cats, trois symboles de la région. Mais cette Grande Réserve, moins lourde et vraiment différente, est brassée avec des malts du nord de la France et refermentée sur lie. La brasserie utilise une levure de fermentation haute qui lui est propre.

Contemplez sa robe dorée, sous un abondant col de mousse ivoire, avant de respirer ses parfums fruités et épicés, notamment de gingembre. Au goût, elle est puissante et maltée avec une forte présence d'épices et de miel, avant une finale sèche et modérément amère. Amateur de triple belge et de force, vous serez séduit ! Idéale à l'apéritif, elle se consomme à température de cave flamande, entre 8 et 10 °C.

ANGELUS
TRIPLE

Brasseur : **Brasserie Lepers**
[La Chapelle-d'Armentières, 59]
Catégorie : **triple**
Alcool : **8 %**

La brasserie Lepers, familiale et artisanale, sait préserver les traditions. Son Angelus, primée au Concours Général Agricole en 2015, subit trois fermentations : une principale, une de garde avec houblonnage à cru et une en bouteille. Après avoir admiré sa limpide robe rousse sous une légère mousse blanche retombant en dentelle, humez ses arômes herbacés et floraux, ponctués de notes de malt et de miel. Arômes que vous retrouvez au palais, enrichis d'une touche sucrée de banane. À l'arrière, l'amertume herbeuse est discrète sans trop de longueur avec une finale douce et un peu sèche qui donne envie de se resservir. Cette bière équilibrée et rafraîchissante se boit entre amis, à l'apéritif ou avec un plat typique du Nord. On la déguste entre 6 et 8 °C.

AGENT PROVOCATEUR

Brasseur : Brasserie Craig Allan [Plessis-de-Roye, 60]
Catégorie : pale ale
Alcool : 6,5 %

C'est à Édimbourg que l'Écossais Craig Allan a étudié l'art de la brasserie. Il a ensuite fait ses armes dans plusieurs microbrasseries du Royaume-Uni. Amoureux de la France et du divin breuvage, il travaille quelque temps chez un viticulteur bourguignon avant de sinstaller dans l'Oise avec sa famille. C'est ainsi quest née en 2015 sa brasserie, grâce notamment aux bénéfices générés par ses trois premières bières, Agent provocateur, Cuvée dOscar et Psychedelia, quil faisait brasser chez de Proef en Belgique.

À travers cette première création, Craig Allan nous oriente vers des produits qu'il affectionne, houblons américains et levures belges. De cette blonde de couleur orangée surmontée d'une mousse blanche et crémeuse se dégagent des arômes de marmelade d'orange et de fruits tropicaux avec une touche d'épices, tout en gardant un taux d'alcool léger. En bouche, l'amertume prononcée et sèche laisse se développer les mêmes saveurs, auxquelles s'ajoute un côté floral, le tout adouci par une note subtile de caramel et de fruits mûrs. La finale est peu amère et un peu astringente. L'Agent Provocateur accompagne un plateau de fromages à l'apéritif, mais se déguste aussi avec des fruits de mer ou un plat épicé. Les amateurs de bières houblonnées en apprécieront toutes les saveurs à 8 °C environ.

Brasserie
Craig Allan
Agent
Provocateur
Craig Allan

ANOSTEKÉ BLONDE

Brasseur : **Brasserie du Pays flamand [Blaringhem, 59]**
Catégorie : **bière de garde**
Alcool : 8 %

Bière lancée en 2010 par deux amis d'enfance passionnés de leur terroir et de son savoir-faire brassicole, elle a conquis tous les amateurs de la région du Nord. Une vraie réussite qui a d'ailleurs gagné une médaille d'or au Concours Général Agricole. À savoir : c'est la première bière française pour laquelle les émissions de CO_2 liées à la fabrication et au transport sont compensées.
C'est une bière chaleureuse et conviviale – son nom vient du flamand « tot anoste keer », qui signifie « à la prochaine » – aux saveurs très fruitées et florales mises en valeur par une belle amertume.
À déguster aux alentours de 8 °C surtout si vous l'accompagnez d'un bon plat typique du Nord ou d'un bon fromage fort.

BAPBAP
ORIGINALE

Brasseur : Brasserie BAPBAP [Paris 11e, 75]
Catégorie : pale ale
Alcool : 5,8 %

BAPBAP signifie « Brassée à Paris, Bue à Paris » ! Le local et le matériel de la brasserie ont été achetés en 2014 grâce à un financement participatif sur Internet. On aime cette blonde à la robe d'or clair, coiffée d'une mousse blanche et généreuse, qui distille un arôme levuré, légèrement fruité sur la pomme et l'abricot, suivi d'une belle pointe de caramel. En bouche, l'amertume est mesurée, on évolue entre saveurs de pain et de levure, mêlées à des touches de résine et de pamplemousse. La BAPBAP a du corps et du caractère, tout en étant légère, équilibrée et aromatique avec un soupçon de sucre en finale. Désaltérante, on la servira entre 6 et 8 °C, à l'apéritif ou avec des grillades.

B06
BLANCHE

Brasseur : B06 [Antibes, 06]
Catégorie : **blanche**
Alcool : 5,6 %

La brasseuse Solène Ronnaux-Baron, ancienne commerciale, s'est reconvertie par passion de la bière et du brassage (qu'elle pratiquait déjà en tant qu'amatrice). Elle brasse artisanalement et met en bouteille manuellement dans son atelier, elle utilise de l'orge français et des houblons rares tout en respectant la loi de pureté de 1516. Toutes ses recettes sont élaborées avec passion, influencées par ses nombreux voyages et découvertes. Ses étiquettes sont un hommage à son arrière-grand-père, ancien marin débarqué à Antibes après la Seconde Guerre mondiale.

Surprenante et raffinée, cette blanche à la robe blond doré, et légèrement trouble, a toutes les qualités pour accompagner les apéritifs estivaux. Désaltérante, ses fines bulles laissent deviner un parfum de fruits exotiques, c'est d'ailleurs la mangue, aromatique et dénuée d'amertume, qu'on retrouve en bouche. Idéale les pieds dans l'eau ou sur une terrasse à l'ombre d'un arbre, elle peut également accompagner de manière élégante un poisson. Pour en apprécier toute la fraîcheur, on conseille de la déguster entre 5 et 6 °C.

Le packaging de la bouteille en aluminium permet de protéger le divin produit des rayons du soleil, mais a aussi un côté écoresponsable, car il se recycle mieux que le verre et peut être consommé sur la plage ! De par sa bouteille chic et actuelle et sa qualité de bière, elle s'est positionnée sur le marché haut de gamme de la côte d'Azur, notamment dans la carte de restaurants étoilés.

BIÈRE D'ANTIBES
B06
BLANCHE
CÔTE D'AZUR

BEFORE THIBORD

Brasseur : Brasserie Thibord (Pâlis, 10)
Catégorie : pale ale
Alcool : 6 %

Clémence Thibord s'est reconvertie et formée pour pouvoir brasser une bière de qualité issue des céréales de la ferme familiale. En attendant que sa brasserie soit opérationnelle, c'est chez Daniel Thiriez, un mastodonte du monde brassicole et ami, qu'elle a brassé la Before Thibord, sa toute première bière.
Rustique est distinguée, son amertume fine et fruitée est suivie de notes d'épices. La finale est équilibrée par une amertume franche et sèche (herbacée et légèrement résineuse) et des notes plus douces de miel et de caramel. Elle sera parfaite entre 8 et 10 °C dans l'année, et plus fraîche en été car elle se réchauffera vite dans le verre.

BELLEROSE

Brasseur : Brasserie des Sources (Saint-Amand-les-Eaux, 59)
Catégorie : pale ale
Alcool : 6,5 %

La Bellerose a été élue meilleure ale au Royaume-Uni, une distinction rare, réservée généralement aux bières belges, anglaises ou américaines !
Cette blonde, à la robe d'or sombre et limpide, couronnée d'une mousse crémeuse, déploie de jolis arômes céréaliers, épicés et houblonnés avec une pointe d'agrumes. Le plaisir continue à la dégustation, où amertume et notes d'agrumes équilibrent l'attaque ronde, légèrement sucrée. Les saveurs de céréales donnent du corps et la finale est longue, discrètement amère. Cette Bellerose, consensuelle et équilibrée, se boit aux beaux jours, aussi bien à l'apéritif qu'avec une salade Caesar ou un filet mignon sauce maroilles. Servez-la entre 7 et 9 °C pour exalter ses arômes.

BIÈRE DES SANS CULOTTES CERISE

Brasseur : **Brasserie La Choulette (Hordain, 59)**

Catégorie : **fruitée**

Alcool : 6 %

Cette bière fait partie d'une série créée en 1983 et intitulée « l'itinéraire des bières des sans-culottes », en hommage aux révolutionnaires de 1789, d'où le visuel de l'étiquette réalisé par Malik et Jean-Michel Carpentier.

Sa belle couleur rouge et sa mousse blanche rougeâtre évoquent les cerises qui ont macéré lors de sa fabrication. Ainsi, au nez comme au palais, les arômes de cerise sont très présents, sans devenir écœurants. En effet, le sucre présent est produit par la fermentation et le fructose, ce qui permet à la bière de demeurer très équilibrée. Pour en apprécier la fraîcheur et le goût acidulé, on recommande de la déguster entre 5 et 7 °C.

BODEGA BAY

Brasseur : **Artemus (Vincennes, 94)**

Catégorie : **blanche**

Alcool : 5 %

Laurent Laloue, brasseur et créateur d'Artemus, est un ingénieur de formation que sa passion pour la bière a poussé à se reconvertir. Sa brasserie artisanale, primée par le réseau « Entreprendre Val-de-Marne », a vu le jour en 2016.

La Bodega Bay a une robe d'or trouble, peu de bulles et une abondante mousse blanc cassé qui s'affaisse vite. Elle charme par ses arômes d'agrumes, de fruits exotiques (mangue) et de résine. En bouche, les saveurs sont fruitées et maltées avec des notes de litchi associées à l'acidité du froment, et la dégustation se termine sur une amertume légère et longue. Bière de blé lorgnant vers la côte Ouest des Amériques, la Bodega Bay est désaltérante. Idéale à l'apéritif, elle accompagnera aussi viandes blanches, salades ou fromages, si on la sert environ à 5-7 °C.

STOCKER ET SERVIR UNE BIÈRE

GARDER LA BIÈRE

Pour bien conserver sa bière, il est important de savoir que ses plus grands ennemis sont la lumière et la chaleur. L'exposer à ces deux facteurs risque de modifier son arôme ainsi que son côté pétillant. C'est pour cela qu'il est préférable qu'elle soit gardée dans des conditions de cave proches de celles du vin. La température doit être aux alentours de 14 °C, avec des variations n'excédant pas 5 °C, et elle ne doit pas être exposée à la lumière directe.

La position joue également et ne sera pas la même suivant que les bouteilles sont fermées par un bouchon ou une capsule. Avec un bouton en liège, les bouteilles doivent être légèrement inclinées : ainsi la bière va humidifier le bouchon, ce qui évitera de faire sortir le gaz carbonique de la bière et de la désaturer. À l'horizontale, la bière exercerait une pression sur le bouchon. Pour les bouteilles encapsulées, il est préférable de les conserver à la verticale pour éviter que la bière ne soit en contact avec la capsule, ce qui provoque un léger goût métallique.

De manière générale, sachez que la bière n'aime pas être conservée trop longtemps. Les rares exceptions sont les gueuzes, les barley wine et les brunes fortes qui, au fil du temps, vont voir leur goût évoluer vers le moelleux, voire la madérisation pour certaines.

Sur les bouteilles de bières, on trouve une date de consommation qui est en fait une DLUO (date limite d'utilisation optimale). Une fois la date passée, elle ne présente pas de danger, mais peut en revanche commencer à perdre en goût. Cela ne correspond pas à grand-chose, notamment sur une bière artisanale non pasteurisée qui reste une matière vivante et qui continue à évoluer dans le temps. Les bières à fort degré alcoolique peuvent se garder dans les conditions évoquées précédemment durant des années ; leurs caractéristiques sensorielles changeront, à l'image du vin. Quant à la bière de type pils ou lager à 4,5 %, légère et désaltérante, il vaut mieux la consommer dans les six premiers mois en la conservant au frais.

LE CHOIX DU VERRE

Certaines tailles et formes de verre sont conçues pour mettre en valeur les caractères organoleptiques des bières.

- ***Verre tulipe ou conique :*** idéal pour les blondes types pils et lager, il garantit aussi la formation d'un beau col de mousse, son corps resserré vient concentrer le bouquet d'arômes.
- ***Verre ballon :*** inspiré de la forme du verre à vin, il exalte la mousse des bières qui ont du corps, favorise l'échange thermique par sa superficie large, et son col resserré permet de concentrer les arômes.
- ***Verre à facettes :*** permet d'apprécier la couleur et la fraîcheur des bières blanches et de dégager plus facilement les arômes tout en limitant la perte de gaz carbonique.
- ***Verre droit ou pinte :*** originaire des pubs irlandais, sa forme de cône renversé permet d'exalter la mousse crémeuse des bières anglo-saxonnes.
- ***Verre calice :*** à l'origine symbolique des abbayes, il permet aux bières intenses de dégager plus facilement l'ensemble des arômes et de laisser la mousse s'abaisser lentement.
- ***Verre tulipe évasé :*** à la forme arrondie et au bord évasé, il facilite l'examen olfactif et permet de boire sous la mousse. Il est adapté aux bières aromatiques à la mousse copieuse.
- ***Chope :*** les parois sont souvent épaisses pour permettre une meilleure conservation de la température.
- ***Weizenbecker :*** verre à prise étroite, haut, au bord évasé apte à contrôler la mousse copieuse des weizen allemandes.

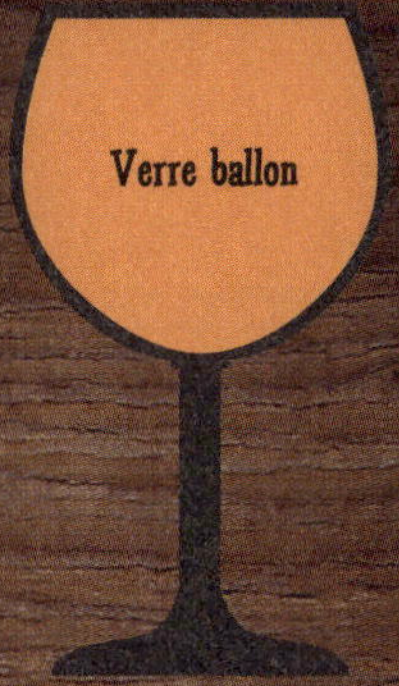

BON SAMARITAIN

Brasseur : **Brasserie Artesienne (Haisnes, 62)**
Catégorie : **bière de garde/sans gluten**
Alcool : 6 %

Bon Samaritain des intolérants au gluten, cette bière n'en est pas moins une vraie bière. Brassée avec des ingrédients classiques, notamment du malt d'orge riche en gluten, elle est ensuite « déglutinisée ». Avant de humer son bouquet fruité, un peu acidulé évoquant le citron et les céréales, admirez sa robe blonde, légèrement trouble, sous une mousse aérée peu persistante. Au goût, elle frappe par son équilibre et ses douces saveurs légères et sucrées, avant de développer un fruité moelleux autour d'une amertume et d'épices de plus en plus présentes. Une finale longue ponctue le tout. Outre les intolérants au gluten, elle séduira l'amateur de bière de garde et triple. On la boit à l'apéritif et avec des plats traditionnels du Nord, servie entre 6 et 8 °C.

BRIARDE AMBRÉE

Brasseur : **Brasserie Rabourdin et fils (Courpalay, 77)**
Catégorie : **amber ale**
Alcool : 6,2 %

La brasserie Rabourdin est tenue par des agriculteurs, qui brassent une bière artisanale avec l'orge qu'ils cultivent.

La robe de leur Briarde ambrée est cuivrée, sombre, légèrement trouble sous une mousse beige, crémeuse et persistante. Au nez, elle développe des senteurs de houblons, de malt et de caramel, suivies de notes de fruits mûrs. En bouche, les levures s'expriment puissamment avec des saveurs de banane mûre et de levain, des touches maltées au léger goût de caramel sucré. On termine sur une amertume contrôlée et un soupçon de baies rouges. Cette Briarde intéressera l'amateur de brune « double » qui la savourera à l'apéritif, mais aussi sur une viande blanche ou des crêpes au sucre. Elle exprime toutes ses saveurs entre 8 et 10 °C.

CAT

Brasseur : **Bières Cat « Woonto » (Carrières-sous-Poissy, 78)**

Catégorie : **pale ale**

Alcool : 6 %

François, le propriétaire, s'était engagé à prendre un chat pour ses enfants si sa recette remportait le concours du Musée de la Bière. Il a gagné, la famille a accueilli un chat et la bière a été baptisée Cat. Le plaisir est au rendez-vous avec cette blonde dorée à la mousse aérienne. Le nez est frais, fruité et délicat sur la pêche blanche et les agrumes. Même régal en bouche, avec des saveurs d'agrumes, de fruits jaunes et une agréable amertume, adoucie d'une discrète touche de miel. La finale est sèche, amère, subtilement parfumée et désaltérante. Arômes et amertume s'équilibrent comme les malts et les houblons, et la bouteille a du style. Les amateurs de blonde, ale et pale ale dégusteront cette Cat à l'apéritif ou avec un comté fruité, à une température de 6 à 8 °C.

CHE'RVEZA

Brasseur : **Crazy Hops (Vaux-sur-Lunain, 77)**

Catégorie : **ale**

Alcool : 4,9 %

La brasserie a été créée en 2014 par deux amoureux fous du houblon. Pourtant, l'originalité de la Che'rveza ne vient pas de cette plante, mais de l'hibiscus et du maïs violet du Pérou utilisés au cours du brassage. Sa robe est d'ailleurs d'un rose intense, avec une belle effervescence et une mousse fine légèrement rosée. Vous serez séduit par un bouquet mêlant le fruité du litchi à des notes florales et épicées. En bouche, la surprise continue avec une saveur de grenadine non sucrée sur fond houblonné, relevée d'une acidité rafraîchissante. Dernier atout, une finale fine et sèche. Dégustez-la entre amis, à l'apéritif, mais aussi avec des plats un peu épicés ou du fromage de chèvre. Pour profiter de sa richesse aromatique, on la boit entre 8 et 10 °C.

CH'TI AMBRÉE

Brasseur : **Brasserie Castelain [Bénifontaine, 62]**
Catégorie : **bière de garde**
Alcool : 5,9 %

Résultat d'un travail respectueux des matières premières et de la tradition, cette ambrée est médaillée d'or de la Sélection Mondiale de la bière en 2003 à Bruxelles, puis médaillée d'argent lors du Concours Général Agricole de Paris en 2004 et 2005. Pour les connaisseurs, c'est une des meilleures bières au monde. Vous serez séduit par sa robe ambre cuivré et son aspect limpide, ses fines bulles et sa mousse dense, porteuse d'arômes de malts grillés et de caramel. En bouche, on retrouve le goût classique des bières de garde du nord de la France ainsi que les mêmes douceur et rondeur ressenties au nez, auxquels viennent s'ajouter de subtiles notes de noisette et une amertume discrète. On la sert entre 8 et 10 °C à l'apéritif, mais aussi en accompagnement de mets du terroir dont elle est issue comme le welsh ou le maroilles.

CUVÉE DES JONQUILLES

Brasseur : **Brasserie Au Baron (Gussignies, 59)**
Catégorie : **bière de garde**
Alcool : **7 %**

À l'origine, la Cuvée des Jonquilles était la bière de printemps de la brasserie, mais son succès a été tel qu'elle est maintenant brassée à l'année. La brasserie familiale est située depuis 1970 au bord d'un cours d'eau, en aval d'une vallée, lieu charmant où il fait bon faire une pause en dégustant une bière. D'une robe jaune doré, pâle et trouble à la fois du fait de la concentration de levures, surmontée d'une mousse généreuse, la Cuvée des Jonquilles se veut très rafraîchissante. Les arômes sont portés sur le floral et l'agrume avec, en fin de bouche, une amertume subtile soutenue par la levure. Elle est non filtrée, non pasteurisée et très goûteuse. C'est entre 7 et 10 °C qu'elle développera tous ses arômes, à l'apéritif, ou en accompagnement de plats comme une flamiche au maroilles ou un potjevleesch.

DIABOLIK

Brasseur : **Brasserie des Fontaines (Les Verchers-sur-Layon, 49)**
Catégorie : **ale**
Alcool : **6,5 %**

Anne-Catherine Sailly, artisan brasseur, n'utilise que des matières nobles et n'ajoute aucun conservateur ni colorant dans ses bières certifiées AB – elle en propose aujourd'hui une douzaine – qui sont refermentées en bouteille.

Elle présente une jolie robe ambre cuivré peu pétillante surmontée d'une mousse blanche abondante et qui tient au verre, d'où s'échappent des effluves épicés de poivre et de gingembre (qu'on doit aux houblons alsaciens utilisés), accompagnés de légères notes de pain. En bouche, les saveurs de céréales prennent le dessus, elles sont suivies d'une amertume franche et sèche (saveur cacao amer) et légèrement épicée. La finale de cette bière charpentée est gourmande et d'une bonne tenue. Cette Diabolik se prête à toutes les occasions, on conseille de la servir entre 8 et 10 °C pour en apprécier toutes les nuances.

GAVROCHE

Brasseur : Brasserie de Saint-Sylvestre (Saint-Sylvestre-Cappel, 59)
Catégorie : bière de garde
Alcool : 8,5 %

Il a fallu huit ans pour élaborer cette recette : premiers essais en 1989, premières ventes en 1997. Au verre, la robe est presque brune, trouble sous sa foisonnante couronne de légère mousse crème. Le nez est propre aux bonnes bières de garde, riche en malts torréfiés, céréales, caramel et levure. L'attaque, légèrement sucrée sur une base maltée avec des notes de caramel et de fruits secs, évolue vers des saveurs d'herbe et d'alcool. La finale offre une belle amertume, longue et rafraîchissante. Bière de dégustation, la Gavroche a du caractère et de la générosité. En cuisine, elle corsera le caramel d'un flanc. On la sert entre 10 et 12 °C, en la versant doucement dans le verre afin d'éviter le léger dépôt de levure.

GREEN FLOWER

Brasseur : Bières bio Mont d'Or (Curis-au-Mont-d'Or, 69)
Catégorie : ale
Alcool : 6,5 %

Bière bio et de terroir, la Green Flower bénéficie d'une fermentation haute, elle est non filtrée et non pasteurisée. Le houblon utilisé vient de la houblonnière des Bières Bio Mont d'Or située entre Curis et Poleymieux-au-Mont-d'Or... Le goût de cette bière change donc chaque année selon le climat ! C'est ce qui la rend unique et spéciale. De cette bière équilibrée à la pétillance moyenne, on appréciera une note assez épicée qui s'estompe rapidement et une saveur caractéristique de houblons « verts ». On ressent les levures belges qui piquent un peu le palais. On reste sur une finale ronde et moelleuse de caramel. Pour en apprécier les saveurs complexes, il est conseillé de la boire entre 8 et 10 °C.

L'ABBAYE DE MAROILLES

Brasseur : **Monceau-Saint-Waast (59)**
Catégorie : **triple**
Alcool : 7,7 %

Olivier Forest, issu d'une longue lignée de brasseurs, a repris cette brasserie en 2009 et ouvert en même temps un restaurant qui propose sa bière avec des produits du cru.
La robe abricot, pétillante de fines bulles, contraste joliment avec l'épaisse mousse blanche peu persistante. Le nez, fort agréable, dégage des arômes de céréales, de fruits jaunes et de levure épicée. En bouche, on sent bien le fruité de la pêche-abricot et du houblon, ainsi que des notes caramélisées et maltées. La finale est équilibrée avec une légère amertume. Les amateurs de bières triple apprécieront cette Abbaye de Maroilles qui se savoure à l'apéritif, comme avec un magret de canard ou une assiette de fromages. Elle exprime tout son potentiel gustatif entre 7 et 9 °C.

BITUME

Brasseur : **Le Moulin de Saint-Martin (Saint-Martin-de-Bossenay, 10)**
Catégorie : **imperial stout**
Alcool : 9 %

Mahaut d'Arras d'Haudrecy a eu la révélation de sa vocation à 13 ans, en visitant la brasserie d'Orval. Après une formation dans son pays, la brasseuse belge a réalisé son vœu en s'installant en Champagne ! Son imperial stout est refermenté en bouteille et garanti sans traitement biochimique. D'un noir intense avec des reflets de cacao et une belle mousse brune, il répand de gourmands arômes chocolatés mêlés de fruits confits, comme les dattes, et de café. En bouche, ce sont les saveurs torréfiées, grillées et la petite acidité des malts noirs aux notes de biscuit grillé qui dominent. Si le fruité est plus discret qu'au nez, l'amertume est agressive et longue en fin de bouche avec un subtil parfum de réglisse. L'amateur de brune forte et crémeuse la savourera entre 8 et 12 °C, avec une bonne viande séchée.

HINANO

Brasseur : Brasserie de Tahiti [Papeete, Polynésie française]
Catégorie : lager
Alcool : 5 %

La bière Hinano a vu le jour en 1955 dans la seule brasserie de Tahiti. Le nom Hinano, choisi car facile à prononcer et à retenir, désigne une fleur mâle de pandanus, utilisée notamment pour parfumer le monoï. De fermentation basse, elle se distingue par une couleur dorée et pâle qu'accompagne une fine mousse blanche. C'est une bière tout en rondeur, où les saveurs de grains et de paille sont mixées à la légèreté de l'amertume herbacée des houblons. Elle se consomme très fraîche, à environ 4 ou 5 °C, et est parfaite les jours d'été, et pour se donner par la même occasion le goût de Tahiti ! Bière consommée lors de fêtes et de moments conviviaux, elle est également sponsor de nombreux événements sportifs, notamment dans le domaine de la glisse.

LA BARONNE

Brasseur : **Les bières du Donjon (Clamecy, 58)**

Catégorie : **blanche**

Alcool : 5,5 %

Cette bière, unique sur le marché, est brassée avec des boutons de rose ! La recette a été élaborée pour le mariage d'un des fondateurs de la brasserie.
La robe est blond pâle avec des reflets dorés, un léger trouble et de fines bulles sous un petit col de mousse blanche. Les arômes, typiques de la weissbier, sont doux et fruités, notamment sur la banane, relevés de notes citronnées et épicées avec un subtil parfum de rose. L'attaque est maltée, d'une douceur fruitée et florale, avant d'aller vers des saveurs plus relevées, épicées et citronnées. Une fragrance prononcée de rose harmonise l'ensemble, en prélude à la légère amertume finale. Cette blanche originale, désaltérante à l'apéritif, s'accorde avec une tarte aux mirabelles ou aux pommes. Elle se sert fraîche, entre 5 et 7 °C.

L'ART DE DÉGUSTER
UNE BIÈRE

Déguster une bière, c'est être attentif à ce qu'elle veut nous raconter, c'est prendre le temps de vivre des expériences et des émotions nouvelles. Les bières présentent une grande variété de couleurs, de saveurs et d'arômes. Leur dégustation implique tous les sens. Toutes les bières ne se dégustent pas à la même température et chaque verre a sa personnalité.

1 - Le service

Pour obtenir une belle bière, inclinez le verre à 45 ° et versez lentement la bière, en redressant le verre progressivement pour éviter la formation de mousse. Versez ensuite le reste de la bière au milieu du verre en relevant la bouteille pour faire mousser.

2 - L'aspect visuel

Observez la bière. Regardez d'abord sa couleur, en mettant le verre devant une source lumineuse ou sur un fond blanc, puis la mousse : est-elle peu présente, abondante, aérienne, crémeuse ?... N'oubliez pas non plus de vous attarder sur son comportement : si elle a une belle effervescence ou non (s'il n'y a pas de bulles, méfiez-vous, la bière peut être éventée).

3 - L'aspect olfactif

Faites tourner la bière dans le verre pour laisser s'échapper les arômes. Prenez le temps de la humer. Si vous ne percevez rien, laissez reposer vos narines quelques minutes, puis réessayez. Pour bien apprécier les arômes de la bière, évitez les odeurs parasites comme les parfums ou la cuisine.

4 - L'aspect gustatif

Prenez une bonne gorgée, laissez rouler la bière sur la langue et déterminez les saveurs ressenties ainsi que les sensations (homogène, légère, granuleuse, acide, grasse, épaisse...). La langue détecte le sucre à la pointe, le salé et l'acide sur les côtés, et l'amertume à l'arrière. La bière doit être avalée pour apprécier la finale (longue, persistante, courte, vive...).

Pour parfaire votre expérience de dégustation, vous pouvez programmer des soirées dégustation entre amis et/ou amateurs sur différents thèmes. Quelques idées :

- ***Anonyme ou à l'aveugle :*** dégustez des produits connus sans dévoiler de quelles bières il s'agit.
- ***Comparative :*** choisissez un style de bière, achetez-en de différentes marques. Par exemple, une dégustation comparative de bières IPA.
- ***En éventail :*** plus difficile à réaliser, cet exercice a pour but de donner aux participants un aperçu des différents styles de bières. La dégustation doit être préparée par une personne qui connaît bien les bières afin de sélectionner un assortiment de bières représentatives.
- ***En harmonie :*** ce genre de dégustation demande beaucoup de pratique et de préparation car il s'agit de marier différentes bières avec des aliments. Exemple bières et fromages, bières et chocolats, etc. Mieux vaut faire des essais avant d'inviter vos amis !

LA BLANCHE DU MONT BLANC

Brasseur : **Brasserie du Mont-Blanc (La Motte-Servolex, 73)**
Catégorie : **blanche**
Alcool : **4,7 %**

Le goût unique des bières de ce brasseur est dû à l'eau pure qu'il utilise, issue des glaciers du Mont-Blanc. La Blanche du Mont Blanc a une robe d'un jaune pâle et trouble, et développe des arômes de blé caractéristiques des bières blanches, ainsi que de froment avec des notes de coriandre et d'agrumes. Elle se veut désaltérante tout en restant très douce.

On recommande de la servir en deux temps, à une température comprise entre 4 et 6 °C : pour une dégustation optimale, versez la moitié de la bouteille dans un verre, puis remuez l'autre moitié avant de finir de servir.

LA BOULEDOGUE AMBRÉE GINGEMBRE

Brasseur : **La Bouledogue (Villebon-sur-Yvette, 91)**
Catégorie : **ale**
Alcool : **5,5 %**

Cette bière de caractère est issue d'une jeune brasserie dynamique tenue par deux frères… et leur chien ! Après avoir poursuivi 10 ans des carrières dans le secteur de la restauration pour Nicolas et dans celui de l'agroalimentaire pour Hubert, ces deux passionnés de terroir et de qualité ont décidé de se consacrer à la brasserie. L'aventure commence dans le garage de leurs parents et se poursuit fin 2015 par l'ouverture de La Bouledogue, clin d'œil à leur chienne Earlie, amatrice elle aussi de bonnes choses.

Le gingembre est ici très présent au nez. À la dégustation, il se fait plus subtil, mais c'est cette note qui fait toute l'originalité et l'équilibre de cette bière de soif. Pour que le gingembre ne prenne pas le dessus, buvez-la aux alentours de 7 °C à l'apéritif, mais aussi en accompagnement d'un dessert.

LA CHAPELLE

Brasseur : **Brasserie la Goutte d'Or [Paris 18e, 75]**

Catégorie : **blanche**

Alcool : 5 %

Première brasserie artisanale installée dans la capitale, la Goutte d'Or produit des bières non filtrées et non pasteurisées, délicatement épicées, dont les saveurs évoquent le caractère métissé du quartier parisien de La Chapelle.

Une robe d'or pâle, beaucoup de fines bulles, une mousse crémeuse et abondante, voilà pour l'aspect. Au nez, c'est un enivrant bouquet de thé indien à la cardamome, cannelle, gingembre et poivre, avec des pointes citronnées et levurées. En première bouche, la saveur épicée est soutenue par le malt, l'ensemble reste léger avec une agréable acidité provenant des malts de blé et d'une touche de levure. La finale courte est rafraîchissante. Bière épicée et désaltérante, on la boit entre 5 et 7 °C. Elle s'accorde bien avec les ceviche, les poissons blancs, les fruits de mer ou les plats indiens.

L'ALPARGATE AMBRÉE

Brasseur : **Brasserie Larché pour le Carmel de Sens (Sens, 89)**
Catégorie : **abbaye**
Alcool : 6,5 %

Leur monastère du XVIIe siècle croulant sous les réparations, les Carmélites de Sens se sont lancées dans la bière. Une première pour des moniales ! Une brasserie locale produit ce nectar en respectant leur cahier des charges. Quant au nom d'Alpargate, il évoque les sandales portées autrefois par les sœurs.

La robe caramel a peu de bulles, beaucoup de levure qui la rend légèrement trouble et une fine mousse ambrée. Son bouquet est riche d'épices, notamment la cardamome, avec des accents de citronnelle et de caramel. Au palais, la ronde saveur de miel et de malt, évoquant le pain d'épices, évolue vers de délicats accents houblonnés. L'alpargate se déguste entre 8 et 10 °C et forme un accord parfait avec une viande rouge ou du gibier en sauce.

LA MANDALE BLONDE

Brasseur : **Brasserie-Jardin Brouette Coop (Chaillon, 55)**
Catégorie : **ale**
Alcool : 6,8 %

D'aspect légèrement effervescent, la robe jaune pâle, un peu trouble sous une fine mousse blanche, dégage de puissants arômes de malt aux notes fruitées, épicées et levurées. L'attaque piquante se fait sur les levures, mais le biscuité des malts est bien présent, en même temps que des accents d'agrumes et de pêche. En fin de bouche, la rondeur arrive avec une pointe de sucre dopée par une légère amertume. Cette belle Mandale frappera les amateurs de blonde légère et ronde. Idéale pour un apéritif ou un barbecue entre copains, elle fait aussi bonne figure avec une tomme des Vosges, surtout si on la sert entre 6 et 8 °C.

LA MIEL

Brasseur : **Brasserie artisanale Toussaint [Louveciennes, 78]**
Catégorie : **bière de garde**
Alcool : **7,5 %**

L'aventure a démarré quand Clément Toussaint a reçu un kit pour faire de la bière. L'amateur s'est alors pris au jeu et a fini par ouvrir sa propre brasserie ! Aujourd'hui, il travaille de manière artisanale et écologique avec des producteurs locaux.
Dorée et trouble, sa bière a un bouquet rond avec des saveurs épicées et miellées. En bouche, on sent les malts, le miel d'acacia et la petite note épicée des houblons, suivis d'une légère et brève amertume désaltérante. On finit sur des arômes gourmands et un léger voile de miel peu sucré. Veloutée au palais, elle plaira aux amateurs de bière douce. On la sert aux alentours de 6 à 8 °C, avec une tarte aux abricots, pour équilibrer l'acidité, ou un chèvre frais.

L'ÉCUME DES JOURS

Brasseur : **Brasserie Forest [Monceau-Saint-Waast, 59]**
Catégorie : **triple**
Alcool : **7 %**

On l'aura deviné, avec son Écume des jours, le brasseur Olivier Forest rend hommage à Boris Vian. Sa bière est non filtrée et non pasteurisée, dotée d'une abondante écume de mousse blanche qui s'affaisse vite et d'une robe trouble, jaune orangé, animée de fines bulles. Au nez, des arômes d'agrumes et de fleurs précèdent des notes levurées et fumées. En bouche, une saveur de malt caramélisé et fumé, teintée d'écorce d'orange et de coriandre, laisse place au piquant des levures. La finale relativement douce et longue restera sur le caramel et le fumé. Originale et complexe, cette bière évoque l'atmosphère enfumée des clubs de jazz chers à Vian. On la savoure à l'apéritif ou accompagnée d'un fromage affiné, de préférence entre 7 et 10 °C.

LOVE & FLOWERS

Brasseur : **Mélusine (Chambretaud, 85)**
Catégorie : **blanche**
Alcool : **4,2 %**

Mélusine, fée des eaux à queue de serpent, ne désavouerait pas ce nectar bio, brassé avec des pétales de rose en fin d'ébullition. Dorée et claire, dynamique avec une abondance de bulles sous une tête de mousse blanche, il en émane un subtil parfum floral teinté de touches houblonnées. On est charmé par la douceur des céréales, avant que se déploie une saveur de rose, fraîche et équilibrée, qui s'arrête juste à temps devant le houblon. La finale est courte et sèche sur une fine et légère astringence. Les amateurs de délicatesse que la sécheresse rebute apprécieront cette brassée d'amour et de fleurs. Savoureuse et désaltérante, elle s'impose à l'apéritif, mais s'illustre aussi sur un poulet au curry ou un chèvre frais. On la boit fraîche, entre 4 et 7 °C.

MILK STOUT TOUJOURS

Brasseur : **O'clock Brewing (Bois-d'Arcy, 78)**
Catégorie : **milk stout**
Alcool : **8,5 %**

O'clock Brewing est une toute jeune brasserie, créée en 2015. Elle propose déjà trois bières et ne cesse de se développer grâce à de multiples collaborations. D'un noir profond avec une belle mousse ivoire, cette bière sent bon le malt torréfié. On trouve beaucoup de caractère au palais, grâce à des saveurs de chocolat noir, de café et de subtiles notes vanillées. La sensation est très douce et onctueuse, les différentes saveurs s'équilibrant bien avec la légère amertume, grâce à un côté laiteux, typique des milk stout. Ce goût si particulier saura accompagner les desserts et les fromages, en particulier le bleu. À servir entre 13 et 15° C.

NONNE TRIPLE

Brasseur : **Les Brasseurs Savoyards (Annecy, 74)**
Catégorie : **triple**
Alcool : 9 %

Les Brasseurs Savoyards n'utilisent que des ingrédients bio, depuis l'eau du lac d'Annecy jusqu'aux levures. Le nom rend hommage à Hildegarde de Bingen, religieuse du XIIe siècle qui découvrit les vertus du houblon et sut l'intégrer à la bière.
Cette blonde, à la robe cuivrée et légèrement trouble, est peu pétillante sous sa mousse fine. On y sent des arômes de malt caramel mêlés à des notes de fruits secs, de végétaux et d'épices. Une attaque ample, sur des saveurs fruitées et épicées, est suivie d'une légère acidité de levure qui se développe en franche amertume. La finale est longue et amère, teintée de noix et de pin. Cette Nonne a l'onctueuse rondeur des triples belges. On la sert à l'apéritif ou avec du reblochon, entre 8 et 10 °C, pour révéler sa richesse aromatique.

PAGE24 BLONDE RÉSERVE HILDEGARDE

Brasseur : **Brasserie Saint Germain (Aix-Noulette, 62)**
Catégorie : **bière de garde**
Alcool : 6,9 %

Sa belle couleur dorée éclatante, très légèrement trouble, forme un joli contraste avec sa mousse blanche. Au nez, on ressent des houblons aromatiques floraux et en bouche, la saveur de pain grillé mélangée aux saveurs florales et fruitées, qui renseignent bien sur l'utilisation de malts et houblons locaux. Ces houblons spécifiques entrent d'ailleurs dans le cahier des charges « Saveurs en Or » dont on retrouve le logo sur les bouteilles. En deuxième bouche, on apprécie une douce amertume qui reste jusqu'à la finale. Servie entre 8 et 10 °C, cette blonde se savoure à l'apéritif mais accompagne aussi les fromages à pâte cuite et la viande rouge.

POISSON COMBATTANT

Brasseur : **Brasserie Azimut (Bordeaux, 33)**

Catégorie : **blanche**

Alcool : 4,5 %

Cette blanche incroyablement fraîche inspirée d'un macaron montréalais est parfumée à la lime (citron vert) et au basilic. Le basilic frais (1,5 kg pour 1000 litres) provient du marché des Capus ; quant à la lime, elle est zestée à la main et arrive prête à être utilisée à la brasserie. Le résultat, au nez comme en bouche, est tout en délicatesse et en fraîcheur entre la fine acidité du citron et le caractère végétal du basilic.

Pour en apprécier tous les arômes, il faut la déguster bien fraîche, au printemps ou en été, à l'apéritif ou juste pour se rafraîchir, mais aussi pour accompagner un repas de poisson et de fruits de mer.

LA ROUGE FLAMANDE

Brasseur : **Brasserie Thiriez (Esquelbecq, 59)**

Catégorie : **bière de garde**

Alcool : 5,8 %

Cette Rouge Flamande porte le nom d'une race de vaches laitières ! Brassée en 1999 à la demande des éleveurs pour l'inauguration d'une statue en l'honneur de cet animal, le succès aidant, elle est devenue une spécialité flamande.

Une généreuse mousse blanc cassé coiffe sa limpide robe acajou, qui distille des arômes de céréales grillées, de caramel, de fruits confits et d'épices. Des malts rôtis montent des saveurs de pain grillé et de noisette, relevées d'une légère acidité d'agrume. L'ensemble est harmonieux avec des notes légèrement houblonnées et fleuries, avant une finale sèche sur les fruits mûrs. La Rouge Flamande, goûteuse et plutôt sèche, est typique du renouveau de la bière artisanale dans le Nord. On la sert bien fraîche à l'apéritif, et entre 8 et 10 °C avec un fromage de Bergues ou une carbonade.

SAINT-WANDRILLE

Brasseur : **Abbaye Saint-Wandrille [Saint-Wandrille-Rançon, 76]**
Catégorie : **abbaye**
Alcool : 6,5 %

C'est la seule bière française brassée et mise en bouteille par des moines au sein même de leur monastère. Fondée par saint Wandrille en 649, l'abbaye abrite une communauté de bénédictins. C'est en 2016 que les moines ont décidé d'élaborer leur bière. Ils ont, pour ce faire, suivi une formation au lycée agricole de Douai et rencontré des maîtres brasseurs qui leur ont prodigué conseils et encouragements. De cette aventure est née la Saint-Wandrille, une belle ambrée couleur caramel aux fines bulles qui séduit par son caractère rond et équilibré et ses notes de caramel. Les houblons, cultivés en France, lui apportent des arômes boisés et épicés ainsi que des notes d'agrumes. À déguster à l'apéritif, avec des tapas et entre 10 et 12 °C pour en conserver tous les arômes.

SCIENCE INFUSE TRIPLE

Brasseur : **Brasserie de l'université de La Rochelle [La Rochelle, 17]**
Catégorie : **triple**
Alcool : 8 %

Voici une bière pédagogique, élaborée depuis 2006 par des étudiants en biotechnologie au sein de l'université de La Rochelle. Réalisée dans le cadre d'une formation diplômante aux métiers de la brasserie, elle a remporté de multiples récompenses attestant de l'excellence de ce cursus !
La robe est dorée et limpide, pétillante de fines bulles, la mousse blanche, très fine, compacte et persistante. De jolis arômes de malt et de houblon, teintés d'herbes sèches, séduisent l'odorat. Le palais est surpris par les saveurs miellées et douces aux accents briochés, suivies d'une forte amertume qui continue de se déployer en fin de bouche sur des notes fruitées. Nul besoin d'avoir la science infuse pour apprécier cette bière proche des triples belges. Pour en exprimer tout le potentiel, servez-la entre 8 et 10 °C.

LES BIÈRES ARTISANALES ET LA MODE DES MICROBRASSERIES

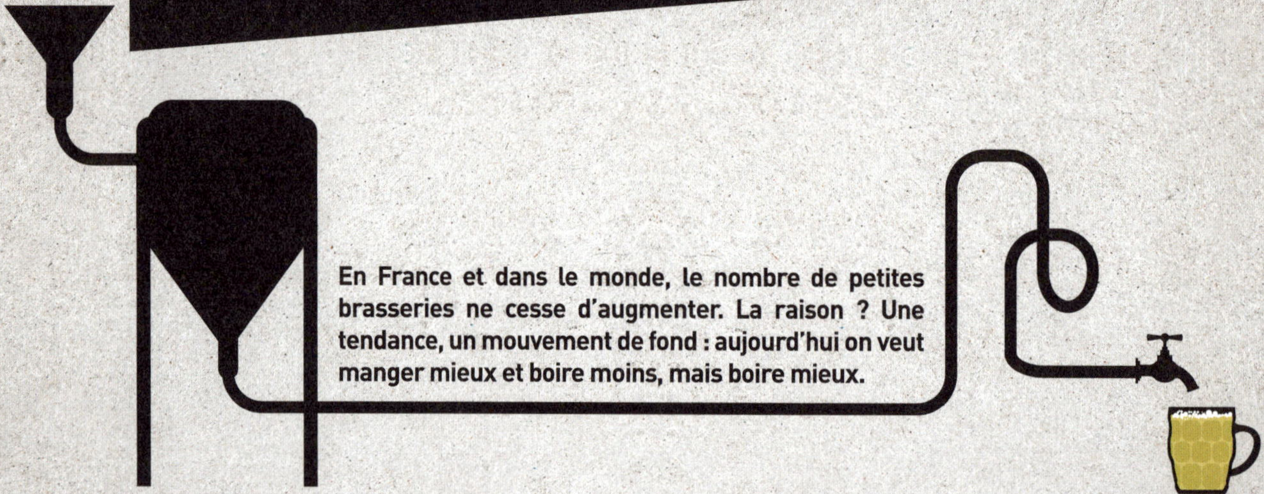

En France et dans le monde, le nombre de petites brasseries ne cesse d'augmenter. La raison ? Une tendance, un mouvement de fond : aujourd'hui on veut manger mieux et boire moins, mais boire mieux.

La brasserie artisanale a été relancée dans le courant des années 1970, d'abord aux États-Unis et au Canada, puis en Europe, portée par la volonté de retrouver de la proximité et de la diversité dans la production de la bière, car les amateurs étaient lassés des bières standardisées. Aujourd'hui, tous les pays participent à ce nouveau phénomène, car la bière a toujours été l'une des boissons les plus consommées au monde.

Pour l'élaboration d'une bière artisanale, quelques principes sont de mise. La bière doit être produite par une brasserie locale suivant un procédé traditionnel et en quantité minime par rapport à la production industrielle. La créativité du brasseur, qui a fait exploser une grande diversité de goûts, joue beaucoup ainsi que le respect du terroir et l'utilisation des produits régionaux. Les bières dites artisanales ne sont en général pas pasteurisées et la refermentation en bouteille est largement employée. On parlera aussi de microbrasserie et de craft beer. La distribution de ces bières s'appuie sur des circuits courts en ciblant des épiceries, cafés, restaurants, cavistes ou encore les festivals du territoire.

L'engouement pour les bières artisanales a amené à la création de nombreuses brasseries parmi lesquelles certaines ont trouvé leur place. En France, au début des années 1980, il n'y avait que 22 brasseries, ce n'est qu'en 1985 que sont apparues les deux premières microbrasseries. En 2010, on en dénombrait 339, et 442 en 2012. Aujourd'hui on en compte plus de 900.

La plupart des brasseurs de bière artisanale sont des passionnés autodidactes, formés sur le tas ou lors de stages. Cette augmentation constante de brasseries a une dimension sociologique, due à la crise et au chômage : des brasseurs amateurs, dont les bières plaisaient à leur entourage, ont voulu en faire leur activité professionnelle principale ou complémentaire. Une grande majorité se forme au contact d'autres brasseurs et/ou fréquente des centres professionnels dédiés comme l'Institut français des boissons et de la malterie à Nancy ou l'université de La Rochelle.

En France, une brasserie artisanale sur dix est créée par une femme. Elles apportent une contribution non négligeable à cet essor. Comme un retour à la tradition historique car jusqu'au XVIIIe siècle, époque à laquelle se sont créées les corporations de brasseurs, c'étaient les femmes qui brassaient.

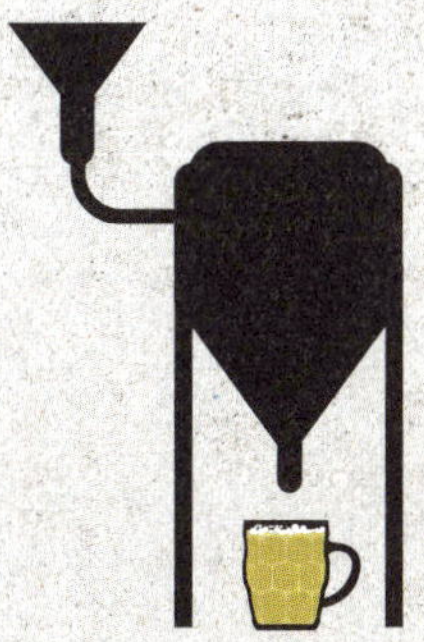

Microbrasserie :
moins de 1 000 hl/an

Brasserie artisanale :
entre 1 000 et 10 000 hl/an

Brasserie « simple » :
entre 10 000 et 100 000 hl/an

Brasserie industrielle :
au-dessus de 100 000 hl/an

SOUR NOISE

Brasseur : **Brasserie Sulauze (Miramas, 13)**

Catégorie : **sour**

Alcool : **5 %**

La brasserie, installée dans une vieille bergerie, est tenue par deux jeunes brasseurs autodidactes qui utilisent céréales et houblon cultivés en biodynamie sur le domaine. Cette blonde surette, élaborée en mode IPA, arbore une robe jaune pâle, très trouble, avec une mousse fine qui se dépose en dentelle sur le verre. Ses parfums sont acidulés (citron et mandarine) avec une note de houblon. Sur la langue, l'attaque est acide (zeste de citron et pamplemousse) une fragrance résineuse et une légère amertume se développent ensuite. La finale se fait sur la peau d'agrume et une séduisante petite amertume. En résumé, une acidité bien présente, mais équilibrée par l'amertume ! Servie entre 7 et 11 °C, elle se déguste à l'apéritif, mais ne démérite pas avec des moules à la provençale ou un aïoli.

TELENN DU

Brasseur : Brasserie Lancelot [Le Roc-Saint-André, 56]

Catégorie : stout

Alcool : 4,5 %

La bretonne Telenn Du, soit « la harpe noire » en français, est la deuxième bière créée par la brasserie Lancelot en 1993. Ce fut la première bière en Europe brassée avec du blé noir et bio. À base de sarrasin breton et d'orge malté, elle offre dans le verre une jolie couleur noire aux légers reflets rouges, contrastant avec une belle mousse blanc cassé. Les arômes de malt torréfié et de blé noir donnent des notes de café et de chocolat légèrement céréalières. Bière bien équilibrée et peu sucrée, elle offre une amertume légère lors de la dégustation, conseillée par ailleurs entre 8 et 10 °C.

TÊTE DE MULE AMBRÉE

Brasseur : Brasserie du Marais Poitevin [Coulon, 79]

Catégorie : red ale

Alcool : 7 %

En 2014, deux passionnés ont rouvert la brasserie du Marais Poitevin fermée depuis plus d'un an. Leur bière baptisée Tête de mule, clin d'œil à leur entêtement et à l'animal emblématique de la région, a remporté une médaille d'or au Concours Général Agricole en 2017.

Voilé, avec de grosses bulles, ce nectar caramel arbore une mousse ivoire, épaisse et aérée. On est séduit par son gourmand parfum de biscuit caramélisé, précédant une pointe de cassonade et d'herbes. Ronde et aromatique, elle révèle des saveurs de malt fumé évoluant vers le tourbé, d'épices [gingembre, clou de girofle] et d'herbes. Une fine touche de levure se fait sentir, avant une finale céréalière à l'amertume modérée. Plus dynamique que les red ales anglo-saxonnes, on la déguste seule à l'apéritif, à une température de 10 à 12 °C.

VIVAT
TRIPLE

Brasseur : **Brasserie de l'Abbaye du Cateau [Cateau-Cambrésis, 59]**

Catégorie : **triple**

Alcool : **8,3 %**

La brasserie est située en cœur de ville, à l'emplacement de l'ancienne abbaye Saint-André. La Vivat y est brassée suivant des procédés anciens, avec deux sortes de céréales et deux souches de levure pour les différents processus de fermentation. Une médaille d'argent au Concours Général Agricole de 2008 a récompensé ce savoir-faire. La robe rousse est trouble, parée d'une abondante mousse blanche. Elle exhale des parfums de malts avec des notes levurées précédant les senteurs fleuries du houblon. Ronde et fruitée en bouche, la Vivat dévoile des senteurs de malt mêlées de touches d'amande, avant une finale plus sèche à l'amertume fine et florale. Servie aux alentours de 10 °C, elle peut se déguster avec un welsh, car elle tient tête au fromage. Un conseil : cette bière gagnera beaucoup à mûrir quelque temps en cave.

VOLCELEST
BRUNE

Brasseur : **Brasserie de la Vallée de Chevreuse [Bonnelles, 78]**

Catégorie : **brown ale**

Alcool : 6,5 %

Emmanuel Rey élaborait des vins avant de s'intéresser à la bière. En travaillant aux États-Unis, il a découvert les microbrasseries et décidé de se lancer dans l'aventure. Depuis il brasse les bières bio de la Volcelest (terme emprunté à la vénerie) dans le cadre verdoyant du parc naturel de la Haute Vallée de Chevreuse.

La robe de cette brune est foncée avec des reflets rouges, très peu de bulles et une fine mousse beige. Le nez puissant est malté et épicé. Les saveurs d'attaque, sur les céréales grillées, déploient une amertume moyenne qui disparaît vite en laissant un soupçon d'acidité de levure. Les saveurs d'épices, bien présentes, se retrouvent avec les céréales dans une longue fin de bouche. On la déguste en solo ou avec un dessert, à 8-11 °C, pour en révéler tous les arômes.

VOLGA

Bières françaises

Brasseur : La Débauche [Angoulême, 16]
Catégorie : pale ale
Alcool : 5 %

Ouverte en juillet 2013, cette jeune brasserie compte déjà près de 30 bières différentes qui reflètent la créativité des brasseurs. Elle est née d'une passion brassicole mêlée à celle de l'art du dessin. Pour les étiquettes, les brasseurs font appel à des artistes locaux issus de différentes disciplines : tatouage, peinture, bande dessinée, collage numérique. Pour la Volga, l'illustration a été réalisée par Orange TP, dessinatrice et tatoueuse d'Angoulême.

Les amateurs d'amertume du type pale ale et IPA seront séduits par sa belle amertume florale. Sa robe dorée légèrement ambrée est coiffée d'une fine mousse blanche. On reconnaît les parfums de coing, d'herbes, de poivre et de raisin. En bouche, on savoure les saveurs fruitées de citron, de raisin, et celles de caramel avec une finale amère et sèche. Idéale à l'apéritif ou pour se rafraîchir, on conseille de la boire à environ 8 °C, pour se désaltérer sans casser les goûts des houblons et des malts utilisés.

VOLGA
PALE ALE
LA
DEBAUCHE

LA WAMBRECHIES

Brasseur : Distillerie de Genièvre Claeyssens (Wambrechies, 59)
Catégorie : pale ale
Alcool : 7,5 %

Le genièvre, eau-de-vie pur grain parfumée aux baies de genévrier, est typique du Nord. La Wambrechies doit son originalité à l'ajout de Genièvre Vieux Malt 40 % avant passage en chambre chaude. Dans le verre, la robe est ocre, voilée par un dépôt de levure, sous un col de fine mousse blanche et compacte. Le bouquet olfactif, plaisant et fleuri, évoque évidemment le genièvre. L'entrée de bouche est sèche et puissante avec des saveurs florales de houblon et un bel équilibre entre amertume et douceur. On termine sur une agréable longueur en bouche. Bière de caractère au goût marqué, la Wambrechies se boit à l'apéritif, avec une carbonade flamande ou des fromages, à une température de 6 à 9 °C.

WHITE RABBIT

Brasseur : **Sainte Cru (Colmar, 68)**
Catégorie : **blanche**
Alcool : 5 %

L'audace : c'est le credo de cette jeune brasserie alsacienne aussi soucieuse de la qualité de ses matières premières que de la recherche de goûts originaux.
Cette blanche crémeuse et fruitée en est un parfait exemple. Sa robe jaune très pâle est légèrement troublée par l'apport de froment, elle est coiffée d'une mousse blanche abondante et aérée. On sent d'abord des parfums de mangue, de citron vert, d'ananas et de pêche. Il y aura aussi des touches légères de résine, avec de beaux accents d'orange et un soupçon de pain. Elle dévoile en bouche une belle rondeur avec la présence de notes de fruits exotiques accompagnée d'une légère acidité typique des bières blanches, suivie d'une amertume minérale pour une finale rappelant les IPA. À déguster entre 6 et 7 °C pour en apprécier toute l'originalité et la fraîcheur.

YETI

Brasseur : **Brasserie des Cimes (Aix-les-Bains, 73)**
Catégorie : **ale**
Alcool : 8 %

La brasserie des Cimes, fondée par un jeune brasseur américain de Denver, a bien failli tomber dans l'abîme avant que le patron des Sirops Routin ne la reprenne pour la hisser vers les sommets. Résultat, une médaille d'argent au Concours Général Agricole en 2014 !
La Yeti est une blonde dorée aux reflets roux, limpide et presque sans mousse. Au nez, elle développe de jolis arômes épicés et floraux. Les saveurs de malt et de houblon dominent, avec une belle longueur en bouche des parfums épicés et fleuris des houblons, et des accents de céréales sur une pointe de miel. Ronde et équilibrée, d'une agréable densité en bouche, c'est une bière chaleureuse et douce où l'on sent peu l'alcool. Idéale à l'apéritif, l'accord est parfait avec une tartiflette, un rôti de veau chasseur ou du reblochon. On la sert entre 4 et 6 °C.

Bières

ALLEMANDES

Kuchlbauer
Aloysius
Weissbierbrauer
Kuchlbauer
Der Weissbier-Spezialist
Kuchlbauer
Aloysius
MIT ECHTER FLASCHENGÄRUNG
Das Original
Berliner Kindl
Weisse
Säuerlich prickelnd und hefetrüb
Das Original zum Selbermixen
SCHNEIDER WEISSE
SCHNEIDER WEISSE

ANDECHS
WEISSBIER HELL

Brasseur : **Klosterbrauerei Andechs (Andechs)**

Catégorie : **blanche**

Alcool : **5,5 %**

Bières allemandes

L'abbaye d'Andechs produit de la bière depuis le Moyen Âge (première mention écrite en 1455) et les moines bénédictins perpétuent cette tradition… dans la modernité. En 1906 est bâtie une malterie de sept étages en béton armé. La première usine d'embouteillage apparaît en 1950. En 1972, l'abbaye décide de construire une nouvelle brasserie. En 1974, c'est une cave moderne pour les fûts et les bouteilles qui est achevée. En 1983, une nouvelle salle de brassage par décoction vient, puis en 2006, une extension pour la fermentation et la cave de stockage. La salle de brassage est rénovée totalement en 2007.

Non filtrée et non pasteurisée, elle a été brassée en cuve ouverte dans les anciennes caves du monastère d'Andechs. Cette blanche opalescente d'un blond doré étonne par sa fraîcheur acidulée. Les parfums qui s'échappent de sa mousse dense et crémeuse sont très fruités : on sent l'orange, la banane et l'ananas. Des saveurs qu'on retrouve en bouche accompagnées de celles de céréales et de légères pointes de levures. La finale est un équilibre de miel léger et d'une délicate acidité avec des nuances de houblons qui s'estompent rapidement.

Très rafraîchissante, on l'apprécie à l'apéritif au printemps et en été, mais aussi à côté d'une choucroute. On conseille de la déguster entre 4 et 7 °C, pas plus, sinon elle deviendra trop lourde à la dégustation.

Genuß für Leib & Seele
KLOSTER
Andechs
SEIT 1455
Andechs
WEISSBIER HELL
Genuß für Leib & Seele
KLOSTER
Andechs
SEIT 1455

AUGUSTINER EDELSTOFF

Brasseur : **Augustiner Braü (Munich)**

Catégorie : **lager**

Alcool : **5,6 %**

L'établissement, fondé en 1328 par des moines de l'ordre des Augustins, est aujourd'hui la brasserie munichoise la plus ancienne toujours en fonction. Sa réputation, basée sur la qualité de ses bières et des matières premières qui entrent dans sa composition, se suffit à elle-même. De fait, la brasserie a choisi de ne pas investir dans la publicité. Augustiner fait partie des six brasseries officielles de l'Oktoberfest, la fête de la bière munichoise.

Comme toutes les bières de la brasserie, l'Augustiner Edelstoff est brassée avec des matières premières de grande qualité, selon la méthode traditionnelle des brasseries bavaroises régie par un décret datant de 1516. Leur malterie, située dans des caves, pourrait bien être la plus grande au monde. Blonde de fermentation basse, la Augustiner Edelstoff présente une belle couleur jaune doré translucide. Peu pétillante, elle est surmontée d'une belle mousse blanche. S'en dégagent des senteurs fraîches de céréales et de houblons aromatiques doux et fruités.

En bouche, le malt est très marqué, provoquant une légère amertume fruitée et désaltérante, tout en respectant la douceur et le moelleux de cette bière unique. Pour apprécier ses qualités gustatives et rafraîchissantes, on conseille de la servir aux alentours de 7 °C.

Edelstoff
EXPORTBIER
GEBRAUT NACH DEM REINHEITSGEBOT
Zutaten: Wasser, Gerstenmalz, Hopfen.
50 cl
13
28
J. W.
Augustiner-
Braeu München
Edelstoff
MÜNCHNER BIER
06.17
L2410381 M
Mindestens haltbar bis Ende:
4 105250 024007
J. W.
Augustiner-
Bräu München
gegründet 1328

AECHT SCHLENKERLA RAUCHBIER

Brasseur : **Brasserie Heller-Braü (Bamberg)**
Catégorie : **rauchbier (bière fumée)**
Alcool : 5,1 %

Heller-Braü réalise cette bière si caractéristique en travaillant le malt fumé de sa propre malterie. C'est l'une des rares brasseries à sécher son malt dans de vieux fumoirs en utilisant du bois de hêtre – procédé que l'on peut retrouver pour le whisky. La robe est d'un brun foncé intense aux reflets acajou que surmonte une mousse beige à la belle intensité. Au nez, on rencontre un bouquet aromatique intense, aux arômes fumés et boisés. En bouche, des notes légères chocolatées précèdent des saveurs de bacon fumé qui prennent finalement le dessus. Pour apprécier toutes ses saveurs, il est conseillé de déguster cette bière entre 7 et 9 °C.

AVENTINUS EISBOCK

Brasseur : **Brasserie Schneider Weisse (Kelheim)**
Catégorie : **eisbock**
Alcool : 12 %

Dans les années 1940, l'Aventinus a gelé en cours de transport, une aventure qui lui a curieusement fait gagner de la puissance et du goût. Ce processus aléatoire, qui n'a pu être reproduit et contrôlé en brasserie qu'au début des années 2000, a donné naissance à l'Aventinus Eisbock. Le bouquet olfactif de cette belle brune est riche, on y décèle des parfums de fruits (prune et banane), ainsi que des senteurs de clou de girofle et d'amande. L'alcool, bien présent au palais, laisse s'épanouir les saveurs de fruits noirs, de chocolat et d'épices, sans dominer. Ce n'est qu'en fin de bouche que les épices s'imposent. Cette bière d'exception se savoure ! On la sert, entre 8 et 12 °C, en digestif ou avec des crêpes, du chocolat noir ou du vieux parmesan.

AYINGER URWEISSE

Brasseur : **Brasserie Ayinger (Aying)**
Catégorie : **dunkelweizen**
Alcool : **5.8 %**

Parfait exemple du mixage entre la tradition allemande et la modernité, cette jolie bière, à base de blé noir et d'orge, propose une robe de couleur ambrée, claire et trouble avec une mousse blanche et dense. Au nez, les arômes de blé épicé et de pain grillé prennent le dessus. On perçoit aussi des saveurs de banane et de levure. En bouche, on retrouve cet arôme de banane ainsi que l'acidulé de l'orange, pour une amertume faible. Afin d'apprécier toutes les saveurs de cette bière riche en céréales, il est conseillé de la servir entre 9 et 11 °C.

BECK'S

Brasseur : **Brasserie Beck (Brême)**
Catégorie : **pils**
Alcool : **5 %**

Brassée depuis 1874, la Beck's respecte le décret sur la pureté de la bière en Allemagne, puisqu'elle n'utilise que de l'eau, du houblon, de l'orge et des levures. Au verre, elle offre une robe d'or pâle translucide, pétillante de fines bulles, et dégage des parfums légers de malt, mêlés aux senteurs plus caractéristiques des houblons aromatiques. En bouche, la rondeur des malts doux et fruités cède devant les saveurs herbacées et une belle amertume. En fin de parcours, le houblon introduit une pointe d'acidité suivie d'une sensation sèche et maltée. Très rafraîchissante, la Beck's se boit, entre 4 et 8 °C, à une terrasse ou lors d'un pique-nique.

BENEDIKTINER WEISSBIER DUNKEL

Brasseur : **Brasserie Benediktiner (Ettal)**
Catégorie : **dunkel**
Alcool : 5,4 %

Bière d'abbaye, brassée par les moines du monastère d'Ettal en Haute-Bavière, la Benediktiner Dunkel présente une robe ambrée, très pétillante, surmontée d'une belle mousse blanc cassé. Gourmandise et fruité dominent au nez comme en bouche, avec des arômes de caramel, de banane, d'agrumes, de miel et d'épices. La texture est onctueuse, les saveurs douces et fruitées, relevées de notes de vanille et d'épices, donnant une belle rondeur. La dégustation se termine sur une légère amertume et un goût d'agrume persistant. L'amateur de blé noir et de légèreté allemande sera séduit. Très agréable à boire pendant les soirées d'été, on la sert entre 4 et 6 °C, en l'associant à des saucisses blanches bavaroises ou du fromage frais.

BERLINER KINDL WEISSE

Brasseur : **Brasserie Berliner-Kindl-Schultheiss (Berlin)**
Catégorie : **berliner weiss (sour)**
Alcool : 3 %

Si l'origine de cette bière est incertaine, c'est sans aucun doute à Berlin qu'elle est devenue populaire. Sa couleur jaune très clair et trouble et son importante mousse blanche dense qui s'estompe rapidement constituent une première promesse de fraîcheur. Au nez comme en bouche, les saveurs lactiques sont omniprésentes et apportent de l'acidité et un côté terreux. De légers parfums de citron, de pomme, ainsi que de blé frais complètent la dégustation. Ces goûts aigres et acides avec une finale très sèche font de cette bière la candidate idéale pour se rafraîchir lors de la saison chaude. Elle se sert bien entendu fraîche, entre 5 et 7 °C.

BRLO
GERMAN IPA

Brasseur : **BRLO (Berlin)**
Catégorie : **IPA**
Alcool : **7 %**

BRLO est le nom slave qui a donné naissance à Berlin. La brasserie, créée en 2016 par trois amis, Katharina, Christian et Michaël, brasse des bières artisanales en petite quantité dans une recherche constante de qualité. Cette IPA a la particularité d'utiliser des houblons régionaux (donc son goût varie en fonction des récoltes), elle est non filtrée. Cette bière ambrée à la mousse épaisse dégage des arômes de fruits tropicaux, de baies et de résineux. La saveur est très crémeuse et douce (pointe de sucre), on apprécie le cocktail fruité, avec de subtiles notes d'agrumes. On reste sur la finale longue et amère du houblon herbacé. À servir entre 8 et 10 °C à l'apéritif, mais aussi avec un barbecue.

CELEBRATOR

Brasseur : **Brauerei Aying (Aying)**
Catégorie : **doppelbock**
Alcool : 6,7 %

La doppelbock a été créée par les moines pour compléter leurs maigres repas de carême. La recette de cette bière est d'ailleurs basée sur une recette monastique. Les noms de cette catégorie de bières se finissent toujours par le suffixe -ator, en hommage à la première d'entre elles, la Salvator des moines de… Paulaner. Aying est une ville de Bavière située à 25 km de Munich : elle n'est donc pas autorisée à participer à l'Oktoberfest, mais elle organise à la place ses propres festivals. La brasserie a remporté de nombreux prix, allemands et internationaux.

Cette brune puissante, ronde et fumée, a été reconnue plusieurs fois comme la meilleure bière allemande et plébiscitée par l'écrivain et grand amateur de bières, Michael Jackson. Sa robe d'un noir profond aux reflets rouges et son col de mousse brun clair évoquent les parfums et les goûts qui vont s'épanouir. Au nez, de subtiles notes de caramel et de café, de chocolat et de prune ; en bouche, une attaque maltée et grillée qui se traduit par de belles touches de pain et de caramel, pour une finale sèche, fumée et amère. Bière d'exception, c'est une boisson de fête à déguster entre 10 et 14 °C.

CELEBRATOR
DOPPELBOCK
Ayinger
FINEST BAVARIAN DOUBLE BOCK BEER
CELEBRATOR
CELEBRATOR
DOPPELBOCK
DUNKLES BAYRISCHES STARKBIER
Ayinger

EKU 28

Brasseur : **Brasserie Kulmbacher (Kulmbach)**
Catégorie : **doppelbock**
Alcool : **11 %**

La petite ville de Kulmbach, en Bavière, a longtemps été considérée comme la capitale de la bière en Allemagne ! Les temps ont changé et Kulmbacher regroupe aujourd'hui les cinq brasseries ayant survécu aux aléas du marché. Dans le verre, l'Eku 28 déploie le rouge sombre de sa robe sous une fine couche de mousse beige. Ses arômes sont maltés, avec des effluves d'alcool évoquant le caramel et les liqueurs de fruits noirs, avant des pointes épicées de levure. Forte et ronde en bouche, elle dévoile des saveurs sucrées, liquoreuses, teintées de mûre et de cassis. L'alcool, bien présent, réchauffe la gorge sans s'imposer, tandis qu'une légère amertume se déploie en finale. Douce et très alcoolisée, l'Eku est une bière qui se savoure. On conseille de la servir entre 7 et 11 °C.

ERDINGER WEISSBIER

Brasseur : **Brasserie Erdinger Weissbraü (Erding)**
Catégorie : **weisse blanche**
Alcool : **5,3 %**

La Erdinger Weissbier est brassée depuis 1886 à Erding par la brasserie Erdinger Weissbraü, devenue en 1998 le premier fabricant de bière blanche au monde. Sa robe blond pâle, surmontée d'une mousse abondante et crémeuse, révèle des saveurs de levures, accompagnées de céréales fraîches aux notes d'épices, notamment de clou de girofle. Les arômes de fruits, comme la banane et les agrumes, sont également présents. Peu acide, avec un corps moyen, elle est vive et rafraîchissante. Bière apéritive ou estivale, elle accompagne volontiers une salade composée, un poulet rôti, un poisson grillé ou du fromage. On conseille de la déguster entre 5 et 7 °C.

FRANZISKANER WEISSBIER NATURTRÜB

Brasseur : **Brasserie Spaten-Franziskaner (Munich)**
Catégorie : **weisse**
Alcool : **5 %**

La réputation de la Franziskaner Weissbier a largement dépassé les frontières de son pays natal. Brassée avec un malt composé de 75 % de blé pour 25 % d'orge, elle est typique des bières blanches allemandes, qu'on les appelle weizenbier, weissbier ou hefeweiss. Parée d'une robe d'or blond et d'une mousse généreuse à la belle effervescence, elle séduit autant par ses arômes que par ses saveurs d'agrumes, de banane et ses pointes épicées de levure et de poivre. Elle possède une longueur en bouche complexe, avec des notes de clou de girofle et de vanille. La Franziskaner est une bière savoureuse, épicée et fruitée, qui accompagne à merveille poissons et viandes blanches. Servie entre 6 et 8 °C, elle révèle tous ses charmes.

GAFFEL KÖLSCH

Brasseur : **Brasserie Gaffel (Cologne)**
Catégorie : **Kölsch**
Alcool : **4.8 %**

Cette bière de fermentation haute, typique de la ville de Cologne, est protégée par la loi allemande « Kolsch Konvention ». Aujourd'hui, seules une dizaine de brasseries se situent dans le périmètre des 50 km autour du clocher de Cologne, condition pour pouvoir jouir de cette appellation. La robe blond paille est surmontée d'une fine mousse blanche et la bière peu bulleuse. Au nez, ce sont surtout les arômes de pain et de belles notes de houblons qui dominent. En bouche, on retrouve un très bel équilibre entre les céréales et le houblon, accompagné d'une douce amertume fruitée. Bière très rafraîchissante, elle trouve naturellement sa place à l'apéritif, sur une terrasse ou pour réveiller un plat de choucroute. On la déguste entre 8 et 10 °C.

LES BIÈRES TRAPPISTES ET BIÈRES D'ABBAYE

LES BIÈRES TRAPPISTES

Les trappistes sont des moines de l'ordre cistercien de la stricte observance créé en 1618. Celui-ci est issu d'une scission entre deux mouvements de l'ordre cistercien : l'étroite observance, c'est-à-dire l'observance de la règle de saint Benoît, et la commune observance. Dans la mouvance de l'étroite observance, l'abbé Armand Jean de Rancé décida de refonder l'abbaye de la Trappe à Soligny-la-Trappe dans l'Orne : les trappistes étaient nés. La Révolution française conduira cette communauté à fuir la France et à se réfugier notamment en Belgique.

Les bières trappistes sont brassées par des moines, ou sous leur contrôle, dans le respect des critères définis par l'Association trappiste internationale (AIT). Cette association a créé un label en 1997 (Authentic trappist product) pour protéger et différencier les produits fabriqués par les moines, des laïcs qui utilisent l'appellation « Trappiste » au lieu de celle « d'Abbaye ».

Les critères de l'association pour obtenir l'appellation :

- Les produits doivent être fabriqués sur le site ou à proximité du monastère.
- La communauté monastique est engagée dans la gestion et l'ensemble des moyens nécessaires pour l'exploitation. Celle-ci doit refléter clairement tant un lien de subordination indiscutable avec le monastère bénéficiaire que l'appartenance à la culture d'entreprise propre au projet de vie monastique.
- Les revenus subviennent pour la majeure partie aux nécessités de la communauté et à des œuvres sociales.

L'abbaye de Koningshoeven aux Pays-Bas (bière la Trappe) avait notamment perdu à une époque l'appellation, car les moines louaient les locaux de la brasserie à la société Bavaria.

Il existe dans le monde

- **11 marques** qui recouvrent **32 bières trappistes :**

- **6 en Belgique :** Chimay, Orval, Rochefort, Westmalle, Westvleteren, Achel.

- **2 aux Pays-Bas :** la Trappe, Zundert.

- **1 en Autriche :** Engelszell (Nivard, Gregorius, Benno).

- **1 aux États-Unis :** Spencer.

- **1 en Italie :** Tre Fontane.

AUTHENTIC TRAPPIST PRODUCT

LES BIÈRES D'ABBAYE

Les monastères ont brassé des bières jusqu'au début du xxe siècle. Cette tradition remonte au Moyen Âge : les abbayes offraient l'hospitalité aux pèlerins et parfois aux voyageurs contre quelques deniers. Comme l'eau était peu saine et porteuse de maladies, la bière était devenue la boisson de prédilection. Pour avoir une réputation hospitalière, il fallait que les bières soient bonnes, et les voyageurs se permettaient des détours pour y goûter.

L'appellation « bière d'Abbaye » correspond à un style de bière, mais ne garantit pas de lien avec une abbaye, d'où une utilisation souvent abusive des marques commerciales. C'est pour cela qu'en Belgique le label « Bière belge d'abbaye reconnue » a été créé. Pour l'obtenir, la brasserie doit certifier qu'elle est liée à une abbaye existante, reverser une partie des bénéfices à la communauté monastique, et accorder un droit de regard à ladite communauté sur la publicité et l'utilisation du nom de leur abbaye. Ce label permet aussi de certifier que les produits sont issus d'un réel partenariat entre un monastère et une brasserie laïque.

Les bières ne sont plus brassées au sein même de l'abbaye dont elles portent le nom, mais la brasserie utilise son ancienne recette et son nom, pour lesquels ils doivent s'acquitter d'une rente.

En France

On dénombre peu de bières d'abbaye. Comme cela s'est fait en Belgique, pour être sûr de la provenance des produits, l'association ATC (Aide au travail des cloîtres) a créé le label « Monastic » pour tous les produits de communauté de moines ou moniales de tradition chrétienne de France et d'Europe. Sont reconnues par cette association les bières du Carmel de Sens et les bières de l'abbaye de Saint-Wandrille en Seine-Maritime.

JEVER PILSENER

Brasseur : Brasserie Jever (Jever)
Catégorie : pils
Alcool : 4,9 %

Fondée en 1848, la brasserie Jever obéit à la règle selon laquelle les bières deviennent de plus en plus sèches à mesure que l'on remonte vers le nord du pays. De fait, Jever est réputé pour élaborer les pils les plus sèches jamais brassées. Brassée pour la première fois en 1934, la Jever Pilsener tient son inspiration des pilsener tchèques. C'est une bière de fermentation basse à la robe jaune doré, surmontée d'une mousse dense et importante qui se dissipe néanmoins rapidement. Au nez comme au palais, on retrouve des arômes doux de céréales et des notes herbacées à la franche amertume. Cette bière très rafraîchissante, idéale pour les après-midi d'été, se sert entre 5 et 7 °C.

KAPUZINER HEFE-WEISSBIER NATURTRÜB

Brasseur : Brasserie Kulmbacher (Kulmbach)
Catégorie : weisse
Alcool : 5,4 %

Lactique et levurée à souhait, cette bière doit son caractère et son goût particulier au blé malté et à la levure spéciale utilisés pour le brassage. Des bulles moyennes, une robe couleur miel, légèrement trouble, et une fine mousse beige la signalent au regard. Au nez comme en bouche, les saveurs de levure et de blé malté dominent, développant des arômes de fruits tropicaux, légèrement sucrés, qui apportent beaucoup de douceur. En fin de bouche, la banane et le citron s'imposent. Extrêmement désaltérante, on aime la boire fraîche, entre 5 et 8 °C, seule ou avec un plat typiquement allemand, un poulet tandoori ou même du homard.

KÖNIG LUDWIG WEISSBIER HELL

Brasseur : **Brasserie König Ludwig (Fürstenfeldbruck)**
Catégorie : **weisse**
Alcool : **5,5 %**

Proclamée « meilleure bière de blé du monde » aux World Beer Awards en 2008, la König Ludwig Weissbier Hell doit cette distinction à son processus de brassage spécial et l'utilisation d'une levure unique. Elle affiche une jolie robe paille, brumeuse, coiffée d'une épaisse mousse blanche et propose un cocktail de senteurs exotiques, où le clou de girofle et la banane précèdent une légère note d'agrumes. En bouche, c'est une succession de saveurs subtiles, fruitées et rafraîchissantes avant l'apparition d'une élégante acidité en fin de dégustation. Une excellente bière blanche de tradition, qu'on sert aux environs de 8 °C, avec du poisson grillé, un filet de poulet ou du fromage de chèvre.

KÖSTRITZER SCHWARBIER

Brasseur : **Brasserie Köstritzer (Bad Köstritz)**
Catégorie : **black lager – schwarzbier**
Alcool : **4,8 %**

Vous serez envoûté par sa robe très noire surmontée d'une mousse blanc cassé abondante. Au nez, se dégagent des arômes de sauge et de châtaignes grillées, ainsi que de subtils parfums de cacao et de pain. En bouche, les saveurs de chocolat et de café sont très présentes avec une touche discrète d'herbe provoquant une légère astringence. L'équilibre est cependant parfait entre la douceur maltée et la discrète amertume de la finale lente. Elle est rafraîchissante et complexe à la fois, mais se boit finalement aussi facilement qu'une blonde. Pour en apprécier la douce complexité, il est conseillé de la servir entre 9 et 11 °C.

KUCHLBAUER ALOYSIUS

Brasseur : **Brasserie Kuchlbauer (Adensberg)**
Catégorie : **bock**
Alcool : **7,2 %**

En Bavière, la figure de saint Aloysius, petit personnage ailé et coquin, est très populaire. Il prête son nom à cette bière qui donne des ailes à ceux qui en boivent, au dire du brasseur. Si la couleur chocolat de sa robe étonne, il est vrai que ses arômes intenses de banane, de malt et de clou de girofle ont de quoi ravir. C'est le même régal en bouche, avec des saveurs rôties, mêlées de raisin sec rehaussées d'une touche d'aigreur fruitée. En fin de dégustation, le palais reste imprégné de la douceur du malt et d'un soupçon d'amertume. Ronde et forte en alcool, la Kuchlbauer Aloysius réjouit les papilles et réchauffe le cœur. On la savoure, entre 8 et 11 °C, dans un confortable fauteuil ou avec de bons plats.

LÖWENBRÄU

Brasseur : **Brasserie Löwenbräu (Munich)**
Catégorie : **pils**
Alcool : **5,2 %**

La Löwenbräu, bière du plus pur style munichois, était brassée au Moyen Âge dans la taverne du Lion, ce qui lui aurait valu ce nom qui signifie « brassin du lion ». C'est l'une des six bières servies lors de la traditionnelle Oktoberfest de Munich. On connaît sa robe jaune limpide, coiffée d'une mousse crémeuse et persistante, et son joli bouquet herbacé et sucré révélant un parfait équilibre entre houblon et malt. En bouche, on sent d'abord la belle amertume herbacée des houblons, avant l'apparition de saveurs maltées qui confèrent douceur et rondeur à cette bière harmonieuse. Très désaltérante, on la boit fraîche, entre 6 et 8 °C, en toutes circonstances.

MAISEL'S WEISSE ORIGINAL

Brasseur : **Brasserie Maisel (Bayreuth)**
Catégorie : **weizen**
Alcool : **5,2 %**

Maisel est une brasserie régionale de premier plan en Franconie, elle fabrique de belles bières de style local depuis 1886. La Maisel Weisse ne fait pas exception à la règle. Au-delà de sa robe cuivrée et levurée, on est conquis par son bouquet d'un fruité exceptionnel, aux notes de clou de girofle et de muscade. Le goût est plus classique, mais séduisant. On retrouve le parfum de girofle et des saveurs de banane et de zeste d'orange, mêlées à une subtile touche florale. La finale est rafraîchissante, épicée avec une certaine acidité. La pétillance et la vivacité de cette bière de blé sont irrésistibles. On la boit en lézardant au soleil, rafraîchie entre 6 et 8 °C.

PAULANER SALVATOR

Brasseur : **Brasserie Paulaner (Munich)**
Catégorie : **doppelbock**
Alcool : **7,9 %**

La Salvator n'a quasiment pas changé depuis que les moines la brassaient au XVIIe siècle. Sa notoriété s'est développée au XIXe siècle, à tel point que Paulaner a fait breveter la recette pour la protéger. Elle se pare d'une mousse blanche, qui s'efface en cours de dégustation et d'une robe d'ambre, un peu troublée par la présence de levures. Le nez gourmand fait la part belle au caramel, relevé de quelques notes de blé et de miel. En bouche, on sent d'abord le malt, avant l'arrivée de superbes touches florales et une subtile amertume finale. Cette bière relativement forte se boit entre 8 et 10 °C. Son goût équilibré et ses saveurs classiques conviennent à la choucroute, au poulet grillé ou au fromage d'abbaye.

REST IN PEACE

Brasseur : **Crew Republic (Unterschleissheim)**
Catégorie : **barley wine**
Alcool : **10,1 %**

« Tu cultives à fond ta joie de vivre, cet élixir est fait pour toi : tu l'as rêvé, repose en paix ! » Voilà les mots par lesquels les deux brasseurs présentent cet élixir puissant et provocant. L'aventure a commencé dans une arrière-cour munichoise en 2011, le but de ces brasseurs audacieux : changer le monde de la bière en Allemagne. Pari gagné avec cette barley wine à la robe cuivrée et rougeâtre qui dégage des arômes de prunes, de fruits secs et de raisins secs avec une tonalité boisée. En bouche, on est pris par une intensité puissante et stimulante, couplée au goût de fruits mûrs, de caramel et de pruneaux. La finale est longue et équilibrée. Bien stockée, elle peut être conservée pour mûrir plusieurs années. Les amateurs de bières fortes en alcool et en saveurs l'apprécieront entre 12 et 14 °C, en digestif ou en accompagnement d'un dessert ou d'un fromage.

ROTHAUS TANNENZÄPFLE

Brasseur : **Badische Staatsbrauerei Rothaus (Brasserie d'État, Grafenhausen)**
Catégorie : **pils**
Alcool : **5,1 %**

Tannenzäpfle signifie « petite pomme de pin ». Sur les étiquettes des bouteilles, on admire une jeune femme blonde en tenue traditionnelle, Birgit Kraft. C'est un calembour : « Bier git Kraft », autrement dit « la bière donne de la force ». Birgit Kraft et les pommes de pin étaient déjà présentes sur les étiquettes lorsque la Tannenzäpfle a été lancée en 1956. La brasserie a été fondée en 1791 par le Prince-abbé de l'abbaye de Sankt-Blasien, elle est aujourd'hui la propriété exclusive du land de Bade-Wurtemberg. La Tannenzäpfle est, chez les connaisseurs, la bière la plus populaire de la brasserie. Très désaltérante, on est d'abord séduit par ses parfums fleuris et herbeux avant d'apprécier son goût fin et malté. L'amertume légèrement herbacée et épicée est longue et plaisante, ce qui en fait une bière délicieuse à boire, particulièrement pour les amateurs de bières basse fermentation. Pour profiter pleinement de son caractère désaltérant, il est conseillé de la déguster entre 6 et 8 °C.

SCHNEIDER « TAP 5 »
MEINE HOPFENWEISSE

Brasseur : Brasserie Schneider Weisse (Kelheim)

Catégorie : weisse

Alcool : 8,2 %

Alliance réussie du classicisme bavarois et de la créativité new-yorkaise, cette bière résulte de l'amitié entre Hans-Peter Drexler, maître-brasseur chez Schneider, et Oliver Garret, de la brasserie Brooklyn. Celle qui ne devait être qu'un « one shot » est désormais brassée à l'année ! Dorée et brumeuse à l'œil, avec une belle pétillance, elle exhale de puissants arômes floraux et fruités, avec une touche herbacée et les notes habituelles de banane. En bouche, on retrouve les mêmes saveurs tropicales qu'au nez, accompagnées d'une nuance de caramel sucré. L'acidité du blé rafraîchit le palais, avant une finition sèche et un peu amère, équilibrée par les saveurs fruitées et sucrées. On accordera cette bière délicieuse et puissante avec des plats épicés ou un chocolat de qualité. À servir entre 7 et 10 °C.

SPATEN MÜNCHNER HELL

Brasseur : Brasserie Spaten-Franziskaner (Munich)

Catégorie : lager

Alcool : 5,2 %

La brasserie Spaten a une longue histoire, puisqu'elle remonte au XIVe siècle. Plus près de nous, elle a été la première à produire la Münchner Hell en 1894. Cette bière blonde à la robe dorée est couronnée d'une petite mousse blanche et fine. Elle séduit par ses délicieuses senteurs de pain, de malts et de houblons herbacés et épicés, et ses notes fruitées de grains et de levures. En bouche, la suavité domine, malts et houblons doux aux arômes d'agrumes s'équilibrent parfaitement. La texture onctueuse et effervescente au palais évoque une crème mousseuse. Agréable et classique, elle peut accompagner un coq à la bière ou des endives braisées. On la servira entre 6 et 8 °C.

WARSTEINER

Brasseur : Brasserie Warsteiner Haus Cramer (Warstein)

Catégorie : pils

Alcool : 4,8 %

Warsteiner est l'une des plus grandes brasseries indépendantes d'Allemagne. Fondée en 1753 par Konrad Cramer, elle est toujours restée dans les mains de la famille. La Warsteiner est dotée d'une robe jaune clair, avec une très belle carbonatation et une fine mousse blanche peu persistante. Au nez, l'arôme est essentiellement malté, réveillé par un agréable petit parfum de paille. En bouche, le corps est léger et l'attaque un peu rêche est suivie de saveurs maltées. Quelques notes sucrées adoucissent la finale amère et assez courte. C'est un grand classique des bières allemandes. Ronde et légère, elle est désaltérante et se marie bien avec le poisson grillé, les fruits de mer, la volaille ou des viandes braisées. On la sert entre 6 et 8 °C.

WEIHENSTEPHANER VITUS

Brasseur : Brasserie d'État de Bavière Weihenstephan (Freising)

Catégorie : weizenbock

Alcool : 7,7 %

La brasserie en activité depuis 1040, propriété au Moyen Âge des moines de saint Corbinien, dépend aujourd'hui du ministère bavarois de la Science, de la Recherche et de la Culture. La bière est arrivée en France en 2005, quand elle a été distribuée à Monte-Carlo pour le plus grand bonheur des Monégasques et du prince Albert II, passionné par la culture bavaroise et fervent amateur de bières allemandes. Cette weizenbock a été élue meilleure bière au monde, toutes catégories confondues, lors du concours des World Beer Awards en octobre 2011. Elle présente une robe à la couleur ambré foncé légèrement trouble puisque non filtrée. S'en dégagent des arômes à la fois fruités et épicés. L'attaque en bouche est particulièrement soyeuse avec de belles saveurs de banane et d'agrumes et des notes évoquant les clous de girofle. La finale s'assèche progressivement et offre quelques pointes d'amertume. À savourer entre 7 et 10 °C avec une viande rouge, un fromage fort ou un dessert.

WEIZENATOR

Brasseur : **Brasserie Gänstaller (Hallerndorf)**

Catégorie : **weizenbock**

Alcool : 8,1 %

Après avoir présidé à l'installation de Beck-Bräu à Trabelsdorf, Andreas Gänstaller a ouvert une microbrasserie à son nom, où il produit des bières élaborées selon des recettes mises au point pour Beck-Bräu.

Brasseur réputé, Gänstaller propose ici une bière ambrée à la robe sombre et limpide, presque sans mousse. Elle exhale de forts arômes de malt rôti, qu'on retrouve en bouche, délicatement équilibrés par le sucre candi et une touche d'épices. La Weizenator a du caractère, mais elle risque de ne plaire qu'aux amateurs de bières céréalières et sucrées. Parfaite avec un dessert, on la sert entre 4 et 6 °C pour exprimer son potentiel sans écœurer.

Bières

BRITANNIQUES

St Austell
Brewery
Bottle Conditioned
BIG
JOB
Massively Hopped
Cornish Double IPA
Alc. 7.2% Vol
SORACHI
FACE HUGGER
BREWDOG
PUNK IPA
POST MODERN CLASSIC

13 GUNS

Brasseur : **Brasserie Daniel Thwaites (Blackburn)**
Catégorie : **IPA**
Alcool : **5,5 %**

La bière 13 Guns a été brassée pour commémorer l'indépendance des États-Unis, ces treize canons faisant référence aux treize premiers états fondateurs de l'Amérique.

Il émane de sa mousse blanc cassé et de sa robe rousse, peu pétillante, des arômes de fruits jaunes et des notes résineuses. En bouche, un bel équilibre s'établit entre saveurs de malts, goûts d'agrumes et douce amertume aux accents subtilement boisés. Cette amertume se fera longue et sèche en gorge. La 13 Guns, désaltérante et aromatique, ravira les amateurs d'IPA. Aux alentours de 8 °C, elle est parfaite en apéritif avec du gouda au cumin, mais elle accompagne aussi fort bien des plats indiens.

BIG JOB

Brasseur : **Brasserie St Austell (St Austell)**
Catégorie : **double IPA**
Alcool : **7,2 %**

La brasserie St Austell a été fondée en 1851 par Walter Hicks qui, pour la monter, avait été contraint à l'époque d'hypothéquer sa ferme. C'est aujourd'hui l'une des brasseries les plus populaires de Cornouailles, elle a fêté son 150e anniversaire en 2001. Elle produit des bières non pasteurisées et non filtrées.

La Big Job présente une robe doré-orangé, très pétillante et surmontée d'une mousse fine et blanche d'où s'échappent des arômes fruités d'agrumes, notamment de citron et de pamplemousse, mais aussi de fruits exotiques. On note également un léger parfum de pin. Elle est sèche en bouche avec des notes assez amères. On apprécie le goût des agrumes, équilibré par celui du malt. On reste sur une sensation sèche et houblonnée. Les amateurs d'amertume l'apprécieront entre 7 et 10 °C à l'apéritif, ou pour accompagner un poisson ou un plat épicé.

BLACK SHEEP ALE

Brasseur : **Brasserie Black Sheep (Masham)**

Catégorie : **ale**

Alcool : **4,4 %**

La Black Sheep Ale a vu le jour en 1993, soit un an après la création de la brasserie Black Sheep. C'est aujourd'hui l'une des bières du type ale la plus vendue à l'échelle mondiale. Sa robe ambrée de couleur acajou surmontée d'une fine mousse typique des bières anglaises donne le ton. Elle offre des arômes de houblons aromatiques ainsi que de fruits macérés et légèrement herbacés. En bouche, les saveurs sont riches, et les fruits rouges et agrumes laissent place au café torréfié et aux céréales. L'amertume est douce et longue pour une finale sèche. On conseille, pour en apprécier toute la richesse, de la déguster entre 9 et 11 °C.

BROSÉ

Brasseur : **Brasserie Beavertown (Londres)**

Catégorie : **sour**

Alcool : **7,4 %**

On a peine à croire que cette brasserie est née dans l'arrière-cuisine d'un pub tant son succès est colossal. Elle occupe aujourd'hui une grande brasserie du côté de Tottenham. Passionnés et rigoureux, ces brasseurs ont décidé de proposer leurs bières, ni filtrées, ni pasteurisées, en canettes – le meilleur moyen de protéger la bière de la lumière et de l'oxygène. La Brosé est brassée en collaboration avec deux vignobles, avec des peaux de raisin de pinot noir en provenance de vignes du nord de Londres, des levures et bactéries sauvages, et vieillie dans des fûts de chêne français. Cette blonde dorée aux reflets rosés est coiffée d'une fine mousse blanche qui dégage un nez frais avec des notes de fruits rouges. En bouche, on a les mêmes saveurs, la finition est agréable et sèche avec un caractère distinct d'airelles. Les amateurs de lambics fruités l'apprécieront entre 10 et 12 °C avec un dessert chocolaté (mais peu fort en sucre ni en amertume).

CAMDEN PALE ALE

Brasseur : **Brasserie Camden Town (Londres)**

Catégorie : **pale ale**

Alcool : **4 %**

Située à deux pas de la gare de Kentish Town, à l'écart des foules, la Camden Town Brewery est à la fois une brasserie et un pub.

La Camden Pale Ale est une bière à la robe jaune pâle, limpide avec très peu de bulles et une fine mousse blanche. Au nez comme au palais, on sent des arômes de malt rehaussés d'une pointe d'amertume et d'épices. Elle est relativement courte en bouche avec une finale sèche. Désaltérante, dans la lignée des bières britanniques classiques, elle séduira plutôt les amateurs de pils, lager et ale. On la boit entre amis, à une terrasse ou dans un pub. Servie fraîche, aux alentours de 5 °C, on l'accordera à des plats typiquement british pour le plaisir du dépaysement.

DOUBLE CHOCOLATE STOUT

Brasseur : **Wells & Young's Brewery (Bedford)**
Catégorie : **stout**
Alcool : 5,2 %

Le nom vient des malts dits « chocolat », en raison de leur couleur noire. Ils sont associés avec des extraits de chocolat noir, d'où le « double ». La Wells & Young's Brewery a été créée en 2006 à la fusion des opérations de brassage de Charles Wells Ltd et Young's Brewery. En 2011, Wells a pris le contrôle total lorsqu'il a acheté les parts de Young.
La robe est d'un noir opaque, coiffée d'une mousse marron tenace dans le verre. On est saisi par des arômes puissants et torréfiés de malt. On y discerne des notes de chocolat noir et de graines de cacao torréfiées et, après un moment, des notes de vanille et de pruneau. Onctueuse et douce, elle présente une amertume légère et éphémère qui laisse place à des saveurs torréfiées. À déguster entre 10 et 14 °C à l'apéritif, avec des fruits rouges ou un fromage un peu poivré.

ELDON

Brasseur : **Brasserie Thornbridge (Bakewell)**
Catégorie : **imperial stout**
Alcool : 8 %

Baptisée d'après Eldon Hole, un gouffre profond du Peak District, cette imperial stout annonce la couleur : sombre et envoûtante. La robe est noire, la mousse chocolat, fine et peu persistante, quant au bouquet, il se révèle complexe, floral avec des arômes de cacao, de café vert, de vanille et de bois. À la dégustation, c'est d'abord la douceur du moka et du caramel qui prévaut, suivie d'une amertume légère prolongée jusqu'en fin de bouche. Les notes vanillées et boisées du bouquet, qui se retrouvent au palais, proviennent du vieillissement en fûts de bourbon. L'Eldon plaira aux amateurs de brunes, de force et de whisky. Pour apprécier tous ses arômes, savourez-la entre 10 et 14 °C, seule ou avec un bon fromage persillé.

FURSTY FERRET

Brasseur : Hall & Woodhouse (Blanford)
Catégorie : ale
Alcool : 4,4 %

Brasserie-auberge de village, Hall & Woodhouse est l'un de ces établissements traditionnels comme il en existait tant autrefois outre-Manche.
On y brasse une bière ambrée à la robe dorée, coiffée d'une mousse blanche persistante. Son bouquet aromatique exhale des notes de fruits, de miel et de pain grillé. Douce au palais, elle distille des saveurs d'agrumes évoluant vers une légère amertume de houblon. On termine sur du velours avec des touches de vanille légèrement épicées. Très rafraîchissante, elle séduira l'amateur d'ale anglaise et de bière plate. En Angleterre, on la sert à 12 °C, mais aux alentours de 9 °C en France. Elle s'accorde parfaitement avec du jambon cuit ou du cheddar.

HOBGOBLIN

Brasseur : Brasserie Wychwood (Witney)
Catégorie : red ale
Alcool : 5,2 %

Elfe maléfique et forêt ensorcelée, cette bière cumule les références inquiétantes ! Pourtant, sa robe noire aux reflets rubis et sa tête blanche et crémeuse n'ont rien de maléfique, elles fleurent bon les fruits macérés (cerises et prunes), le torréfié, la noix et le caramel. Fine et délicatement pétillante en bouche, sa rondeur envoûte. Ses gourmandes saveurs de malt chocolaté, de fruits confits et de fruits rouges aux accents boisés ravissent sans écœurer. La dégustation se termine sur une belle longueur un peu amère qui équilibre la richesse maltée. Créé en 1988 pour un mariage, ce philtre magique au goût fruité a tout pour séduire. On le déguste entre 7 et 11 °C avec du bœuf, des plats en sauce ou de la tarte aux pommes.

LONDON PRIDE

Brasseur : Brasserie Fuller Smith & Turner (Londres)
Catégorie : ale
Alcool : 4,7 %

La London Pride est la bière la plus consommée dans la capitale britannique. C'est aussi l'un des fleurons de la brasserie Fuller's, une institution en matière de savoir-faire brassicole. Au verre, la robe est cuivrée et limpide, coiffée d'une fine mousse blanche qui se dissipe vite. Au nez, les arômes de malts biscuit et caramel s'imposent. Les saveurs sont plus complexes au palais avec des notes douces d'agrumes, de fruits et d'épices, relevées de touches de miel, de sucre brun et d'un petit parfum herbacé. L'équilibre final est parfait, entre douceur des malts et amertume des houblons. Cette english ale typique, rafraîchissante et facile à boire, se sert entre 7 et 11 °C. On la déguste à table avec un poulet rôti ou dans la rue devant un *food truck*.

OLD FORT EXPORT STOUT

Brasseur : Brasserie Redchurch (Harlow)
Catégorie : stout
Alcool : 7,5 %

Le propriétaire de cette jeune brasserie artisanale a commencé en 2011, dans sa propre maison située dans Redchurch street, d'où son nom.

La Old Fort dévoile une robe d'un noir profond, coiffée d'une épaisse mousse couleur moka. Les arômes sont puissants et délicieux (miel de manuka et mélasse) suivis de notes de café et de chocolat noir. De légères senteurs de pin et de lavande révèlent la présence des houblons. On la sent lisse et pleine en bouche, avec des saveurs d'expresso frais et de chocolat noir infusé, légèrement sucré. Un parfum d'aiguilles de pin titille le palais, apportant une sensation sèche et rafraîchissante. L'équilibre aromatique est parfait. Épicée et tonique, elle est idéale avec du fromage ou un dessert crémeux, surtout si on la sert entre 11 et 14 °C.

IMPERIAL BARLEY WINE

Bières anglaises

Brasseur : Ridgeway Brewing (Oxon)
Catégorie : barley wine
Alcool : 10 %

La brasserie a été exploitée de 1779 à 2002, puis une partie a été vendue pour y construire un hôtel haut de gamme. Le maître brasseur Peter Scholey s'est battu pour maintenir son activité et a monté une boutique près de Henley. Il l'a appelée Ridgeway Brewing. Ridgeway est considérée comme la plus ancienne route de Grande-Bretagne. Longue d'environ 1000 miles, elle a été construite par les plus anciens habitants de l'île, des milliers d'années avant l'arrivée des Romains. C'est aujourd'hui un chemin de randonneurs.

Pépite de la brasserie, on la recommandera en priorité aux amateurs de barley wine qui sauront apprécier son caractère complexe et raffiné. Sa robe dorée aux reflets orangés, surmontée d'une fine mousse, dégage des arômes légèrement maltés qui font place à des notes de noix, de sucre candi et de houblon floral. En bouche, elle est puissante et douce, onctueuse et particulièrement portée sur le fruit sec et le caramel. La finale est amère, en équilibre avec le malt. Ronde, liquoreuse, voluptueuse et gourmande, elle saura trouver sa place avec un dessert au chocolat, mais le plus évident reste encore de la déguster seule pour une grande occasion. C'est entre 14 et 16 °C que les arômes se développent le mieux. Les nombreux vins d'orge anglais ont en général une teneur en alcool de 8 ou 9 %, mais celui-ci fait exception en étant un peu plus fort.

RIDGEWAY
BREWING
IMPERIAL BARLEY WINE
РИДЖВАЙ ИМПЕРСКОЕ
СДЕЛАНО В АНГЛИИ
2012

OLD SPECKLED HEN

Brasseur : Greene King/Morland [Bury St Edmunds]

Catégorie : ale

Alcool : 5,5 %

La Old Speckled Hen a été brassée pour la première fois en 1979, à l'occasion du 50e anniversaire de l'usine automobile MG, basée à proximité de l'ancienne brasserie. Cette bière, maintes fois primée, est d'une belle couleur cuivrée avec une opulente mousse ivoire. L'arôme est riche et fruité, teinté de malt. En bouche, on retrouve avec plaisir la saveur maltée, plus caramélisée, équilibrée par les notes de banane et de poire de la levure dont le fruité rafraîchit les papilles. Cette bière complexe séduira l'amateur de tradition british. On conseille de la servir entre 6 et 8 °C, ou un peu plus chaude pour faire « comme là-bas ». Ses arômes s'accordent parfaitement avec les rôtis, saucisses et apple pies.

OLD
TOM GINGER

Brasseur : **Brasserie Robinsons (Stockport)**
Catégorie : **ale**
Alcool : 6 %

Cette Old Tom Ginger (vieux chat gingembre en français) reprend la recette de l'Old Tom Original, bière produite depuis des lustres par la fameuse brasserie Robinsons - une institution en Grande-Bretagne. La différence réside dans l'infusion de gingembre chinois et d'herbes poivrées ajoutée au brassage. Si la robe est plus brune que rousse, au nez, le gingembre est bien présent, ponctué de notes de citron, de malts foncés et de fruits secs. En bouche, le gingembre attaque de nouveau en force avant le déploiement d'une chaleur épicée d'herbes. Le malt doux et les notes de fruits complexes de la recette originale se devinent en arrière-plan. Cette bière féline séduira l'amateur d'épices et de gingembre qui la boira pour se réchauffer en hiver, et rafraîchie aux alentours de 6 °C en été.

SHEPHERD NEAME DOUBLE STOUT

Brasseur : Brasserie Shepherd Neame & Co [Favercham]

Catégorie : stout

Alcool : 5,2 %

Shepherd Neame est la plus vieille brasserie d'Angleterre : son origine remonterait à 1698 — et peut-être même avant. Bière de fermentation haute, sa couleur d'un noir profond et sa mousse beige crémeuse et généreuse invitent à la dégustation. Les saveurs de malt torréfié et de chocolat noir donnent au palais une douceur soyeuse et voluptueuse, au goût caractéristique de brûlé. Cette double stout est le parfait exemple du style classique des bières noires anglaises, magnifiquement réalisé. Pour une expérience optimale, dégustez-la entre 10 et 12 °C.

SKY MOUNTAIN SOUR

Brasseur : Brasserie Buxton (Buxton)

Catégorie : sour

Alcool : 4,9 %

Buxton, microbrasserie créée en 2008, fait des bières savoureuses et originales, en utilisant des houblons du monde entier et les meilleurs malts de spécialité. Sa Sky Mountain, fruit d'une collaboration avec la brasserie danoise To Øl, arbore une belle robe rousse à la mousse blanche. Le bouquet est complexe, avec des arômes de malt et d'agrumes, notamment de pamplemousse. Très rafraîchissante en bouche, on sent la forte présence du malt et la belle acidité des agrumes, avant de se laisser surprendre par une finition à la fois houblonnée et subtilement mordante. Cette Sky Mountain vole haut ! Elle est parfaite à l'apéritif, ses arômes se révélant autour de 7 à 9 °C ; l'accord sera intéressant avec une salade de betteraves au maquereau.

LE SECRET DES LAMBICS ET DES GUEUZES

LES CARACTÉRISTIQUES DU LAMBIC

Le lambic est une spécialité belge, qui n'est produite que dans la vallée de la Senne et dans la région du Pajottenland, au sud-ouest de la capitale (de Bruxelles à Leembek). Il est soumis à une législation belge spécifique (la plus récente datant de 1965) : elle impose que le moût soit composé de 30 % de froment non malté et le reste d'orge maltée. Il doit être obtenu par inoculation naturelle de ce moût à partir de l'air ambiant, durant le refroidissement : les levures et bactéries caractéristiques du processus de fermentation spontanée, propre aux bières dénommées « lambic » et « gueuze-lambic », doivent être apportées par l'air ambiant. La fabrication du lambic est une affaire de saison. Il est brassé pendant les saisons froides, en général du 15 octobre au 15 mai car, pendant les périodes estivales, l'air ambiant est beaucoup trop chaud pour arriver à un refroidissement convenable du lambic.

Le brassage

Son brassage respecte les étapes de la préparation des ingrédients et de la saccharification des bières de fermentation haute. La différence commence lors du houblonnage, car on utilise des houblons surannés (âgés d'un an ou plus qui auront moins de saveur), offrant des propriétés aseptisantes. Vient ensuite la phase de refroidissement où le moût est versé dans de larges cuves de refroidissement peu profondes et ouvertes (ce qui permet à l'air de mieux circuler) dans le grenier de la brasserie sous une toiture aérée. Puis l'air froid de la nuit permet de refroidir le moût, et les levures et bactéries présentes dans le grenier inoculent le moût : la fermentation spontanée est déclenchée. C'est l'une des raisons pour lesquelles le brasseur hésite à changer sa toiture ou n'importe quelle partie du bâtiment : il ne faut pas déranger les levures sauvages et autres micro-organismes qui en font la spécificité. Enfin, au matin, le moût est transféré dans des tonneaux

en chêne ou en châtaignier, où il vit une maturation variable de plusieurs années selon les brasseurs. Un lambic qui aura maturé dans le tonneau un an en cave sera considéré comme jeune, alors qu'un lambic qui aura deux ou trois ans sera qualifié de vieux.

On peut boire un lambic directement après sa fabrication, mais il constitue surtout une base pour l'élaboration des gueuzes, faros et lambics fruités.

Brasseurs et coupeurs

Parmi les producteurs de lambic, on distingue les brasseurs des coupeurs, qui se chargent exclusivement de l'assemblage, bien que certains brasseurs, comme Cantillon, soient également coupeurs. Le coupeur achète des variétés de lambics, puis se charge d'affiner les produits en les mélangeant, puis en les faisant vieillir. Le mélange typique d'assemblage est de 60 % de lambic jeune (soit un an), 30 % de deux ans et 10 % de trois ans.

GUEUZE, LAMBIC FRUITÉ ET FARO

Pour faire une bonne gueuze, le coupeur doit pouvoir prédire son avenir : son nez et son palais sont ses instruments les plus importants, car le mélange de lambics, qui va se transformer en vieille gueuze (oud gueuze) en « refermentant » en bouteille, ne sera bon que 10 à 12 mois plus tard, lorsque la bière sera prête à être bue.

Le lambic fruité est un lambic auquel on ajoute des fruits lors de la maturation en tonneau. Cela va provoquer une nouvelle fermentation. On laisse les fruits entre 8 à 12 mois, il n'en restera que les noyaux et les pelures. On filtre ensuite le lambic pour le mettre en bouteille. Le lambic fruité le plus connu est la Kriek (à la cerise), mais on peut en faire avec d'autres types de fruits.

Le faro est une gueuze à laquelle on a ajouté du sucre candi, ce qui lui donnera un goût plus sucré et moins suret.

SORACHI FACE HUGGER

Brasseur : **Brasserie Mad Hatter (Liverpool)**
Catégorie : **pale ale**
Alcool : 6,8 %

La brasserie, fondée en 2013 par Gaz Matthews et Sue Starling, produit une gamme très étendue de bières dans tous les styles et pour tous les goûts.
Blonde dorée à la robe limpide, la Sorachi Face Hugger dévoile de fines bulles et une aérienne mousse blanche. Elle embaume les céréales, le houblon herbacé et le citron. Très pétillante en bouche, elle joue sur une amertume équilibrée par des saveurs de céréales et de fleurs. La finale est longue, légèrement amère avec un retour de zeste de citron. Ceux qui aiment les pale ales et les IPA apprécieront la belle amertume de cette bière, dont la dégustation ne « casse » pas le palais. On la consomme entre 6 et 8 °C, à l'apéritif, avec des tapas qu'elle accompagne merveilleusement.

SORACHI GRISETTE

Brasseur : **Brasserie Cloudwater (Manchester)**

Catégorie : **sour**

Alcool : 3,5 %

La plupart des bières de cette brasserie sont produites au gré des saisons, et leurs recettes sont constamment modifiées. Cette Grisette, où a été ajouté du houblon Sorachi, arbore une robe jaune paille un peu trouble, pétillante de petites bulles sous une fine mousse blanche et écarlate. Le nez est acide et citronné. En bouche, l'acidité du citron domine, accentuée par la levure et une légère note de paille, avant la finale sèche et rafraîchissante. La Sorachi Grisette est une bière de printemps légère en alcool et désaltérante, qu'on aime boire quand il fait chaud. Les amateurs de gueuzes et lambics acides ou de blanches citronnées l'apprécieront. Parfaite à l'apéritif ou avec une salade composée, on la sert entre 6 et 8 °C.

THE KERNEL PALE ALE SIMCOE

Brasseur : **Brasserie The Kernel (Londres)**

Catégorie : **pale ale**

Alcool : 5,6 %

The Kernel, brasserie artisanale fondée en 2009, fait l'unanimité auprès des amateurs. Chaque année ou presque, elle est élue meilleure brasserie du Royaume-Uni ! Sa Kernel Simcoe, qui se pare d'une robe un peu brumeuse coiffée d'une aérienne mousse blanche, répand de délicieux parfums de fruits tropicaux (ananas, mangue et litchi), de marmelade et de caramel. Les arômes de pin, typiques du houblon Simcoe, sont légers. En bouche, le goût est doux, le pin, le pamplemousse et les autres fruits se révèlent par petites touches, enrichies d'une saveur de craquelin. La finale est amère et longue avec une courte note herbacée. Au fil des lots, la bière change, mais elle est toujours savoureuse et excellente. Rafraîchissante et légère, on la boit entre 7 et 9 °C.

THE SAINTS WHISKY BEER

Brasseur : **St Peter's Brewery [St Peter South Elmhan]**

Catégorie : **smoked beer**

Alcool : **4,8 %**

St Peter est une brasserie fondée en 1996 et idéalement située parmi d'anciens bâtiments agricoles dans la petite ville de Bungay dans le Suffolk. Elle utilise l'orge locale et des houblons du Kent ainsi que de l'eau de qualité, puisée grâce à son propre forage.

La forme singulière de la bouteille, ovale et portant en relief le nom de la brasserie, est inspirée d'anciennes bouteilles de gin du XVIIIe siècle de Philadelphie. Limpide et d'une couleur plutôt orangée, cette blonde se coiffe d'une très fine mousse blanche. Après l'avoir servie, on sera surpris par le parfum tout en rondeur d'un bon whisky tourbé et malté. En bouche, le whisky ne se fera pas sentir immédiatement : dans un premier temps, ce sont surtout les malts et le foin qui sont présents pour laisser finalement place à la tourbe, avec une légère amertume bien maîtrisée. Dans la richesse des saveurs, cette bière est très équilibrée et bien réalisée. Elle est élaborée à partir du whisky Chapter 9 single malt de la distillerie St Georges dans le comté de Norfolk. Dégustez-la à l'apéritif ou en fin de repas, ou pour rehausser avec caractère un plat de poisson. Pour en apprécier toute la richesse aromatique, il est conseillé de la déguster à une température comprise entre 10 et 12 °C.

St Peter's
Brewery
St Peter's
THE SAINTS™
WHISKY BEER
ALC. 4.8% VOL. 500mle
St Peter's Brewery, St.Peter's Hall, Nr. Bungay, Suffolk, U.K.

WORTHINGTON'S WHITE SHIELD

Brasseur : **Brasserie Worthington (Burton-upon-Trent)**
Catégorie : **IPA**
Alcool : **5,6 %**

William Worthington a conçu et lancé cette bière en 1820. Médaillée d'or au « Champion Beer of Britain » en 2006, elle est l'un des plus anciens exemples d'IPA encore en production.

Sous sa couronne de mousse ivoire, sa robe d'or sombre, légèrement trouble, affiche une belle pétillance. On y sent des parfums de malt rôti, de caramel, des senteurs florales de houblons légèrement acidulées et des notes de banane flambée. Au palais, l'attaque légère et fleurie explose en chaudes saveurs de liqueur alcoolisée, miellées et fortement houblonnées, avant une exquise finale aigre-douce. Cette bière puissante continue de fermenter après embouteillage, ce qui permet une maturation d'au moins trois ans. Pour révéler sa richesse aromatique, on la servira entre 8 et 10 °C, avec du poulet et du parmesan.

YARDBIRD PALE ALE

Brasseur : **Greene King (Bury St Edmunds)**
Catégorie : **pale ale**
Alcool : **4 %**

Si le nom de la Yardbird rend hommage au fameux Charlie « Bird » Parker, elle n'est pas faite que pour les amateurs de jazz, loin de là ! Les notes qui s'échappent de sa robe claire et de sa fine mousse blanche embaument la mandarine et le citron, adoucis d'un soupçon de caramel. En bouche, les saveurs de fruits tropicaux et d'agrumes jouent en force, sans étouffer la petite mélodie des touches florales légèrement épicées. Cette riche harmonie produit une finale sèche et amère. Rafraîchissante et aromatique, la Yardbird est d'une amertume modérée. Elle est parfaite à l'apéritif, mais va bien avec le gibier ou le fromage. On conseille de la servir entre 7 et 10 °C.

YU LU

Brasseur : **Siren Craft Brew [Finchampstead]**
Catégorie : **pale ale**
Alcool : 3,6 %

La brasserie a été élue deuxième meilleure nouvelle brasserie au monde à sa création en 2013, une reconnaissance qu'elle doit à la complexité et au travail rigoureux de ses bières autant qu'à sa créativité.
La Yu Lu présente une robe jaune doré presque pâle et légèrement trouble, coiffée d'une mousse fine ivoire. Elle dégage des arômes de thé à la bergamote et une senteur fraîche de citron. En bouche, on retrouve la saveur du thé Earl Grey (orange, citron, bergamote) accompagnée d'une franche amertume désaltérante qui ne reste pas en bouche. On reste sur une finale épicée, douce et une fine amertume. Facile à boire du fait de sa faible teneur en alcool, rafraîchissante, elle est idéale servie aux alentours de 8 °C pour se désaltérer dès qu'il commence à faire chaud.

Bières écossaises

IN THE DARK WE LIVE

Brasseur : **Brasserie Tempest (Tweedbank)**
Catégorie : **black IPA**
Alcool : **7,2 %**

Tempest est une remarquable micro-brasserie. Elle a démarré son activité en 2010, mais ses bières de qualité lui ont déjà valu de nombreuses récompenses. Cette IPA, à la robe quasiment noire sous son épaisse mousse brune, dégage de forts parfums de malts rôtis et de houblons aux notes d'herbe, de résine de pin et de pamplemousse. En bouche, les saveurs complexes des houblons réveillent l'obscure puissance des malts torréfiés aux goûts de chocolat, de caramel, de café et d'agrumes. Tout se résout dans une finale sèche et amère, non exempte de douceur. Vous serez conquis par ses arômes et sa profondeur. À essayer avec un steak grillé au barbecue ou des chips, en la servant entre 8 et 11 °C.

MILLS & MILLS

Brasseur : **Brasserie Fyne Ales (Cairndow)**
Catégorie : **imperial stout**
Alcool : **9,5 %**

Cette imperial stout est le fruit d'une collaboration entre la célèbre brasserie De Molen, aux Pays-Bas, et Fyne Ales. Les brasseurs écossais ont demandé à leurs confrères hollandais, spécialistes des stouts, de les aider à brasser la bière la plus forte possible. Résultat : la Mills & Mills, stout à la robe de jais et au col de mousse caramel, qui dégage d'étonnants arômes de grillé, de pruneau et de chocolat, chauffés d'une pointe d'alcool. En bouche, l'attaque fraîche et piquante des houblons s'adoucit sur les saveurs gourmandes de chocolat et de café grillé, typiques des stouts. Le corps est sirupeux, et la finale longue sur la réglisse et le caramel brûlé, harmonisée par la chaleur de l'alcool. Impériale, elle se révèle pleinement entre 10 et 12 °C et demande à être dégustée au calme.

OLA DUBH SPECIAL RESERVE 18

Brasseur : **Brasserie Harviestoun (Alva)**
Catégorie : **old ale**
Alcool : 8 %

Ola Dubh, en gaélique, signifie « huile noire ». La brasserie est connue pour ses expérimentations avec divers fûts de whisky et ses bières aux saveurs uniques et complexes. C'est en 1983 que Ken Brooker fabrique ses premiers outils de brassage. Le succès ne se fait pas attendre et il doit déménager deux fois pour des locaux plus ambitieux. Il passe la main en 2006.
La robe noire de cette bière ne laisse pas passer la lumière, elle est liquoreuse et sans bulles, coiffée d'une fine mousse beige foncé. On sent les arômes du chocolat, de grains de café et des notes de fruits des bois ainsi que de chêne et de fumé – la bière est vieillie dans des fûts de Highland Park de 18 ans. C'est un mélange gourmand de malts sucrés, de vanille, de chêne et de tabac (tourbe). On reconnaît des nuances de raisins secs et d'autres fruits secs. On finit par une brûlure d'alcool réchauffant et un goût de caramel doux. Elle se savoure entre 14 et 16 °C.

PUNK IPA

Brasseur : **Brasserie Brewdog (Ellon)**
Catégorie : **india pale ale**
Alcool : 5,6 %

La microbrasserie Brewdog, créée en 2007, s'est vue devenir la deuxième plus grosse brasserie d'Écosse en seulement deux ans, grâce à la Punk IPA devenue aujourd'hui la bière de type IPA la plus vendue et la plus appréciée en Europe du Nord. Très belle carte de visite pour la jeune brasserie dynamique, cette blonde orangée constitue un véritable voyage, notamment grâce à ses arômes de fruits tropicaux, de mangue, de litchi, de pêche associés à de légères notes de citron. Sèche en bouche et un peu florale pour une amertume puissante et longue, elle est servie entre 9 et 11 °C. Plutôt apéritive, cette bière peut également accompagner une salade printanière.

SCOTTISH ALE

Brasseur : Brasserie Belhaven (Dunbar)
Catégorie : ale
Alcool : 5,2 %

Plus ancienne bière de la brasserie Belhaven, devenue depuis un best-seller, la Scottish Ale est produite à partir de malts écossais associés aux meilleurs houblons anglais. Elle se présente avec une magnifique couleur rubis profond, surmontée d'une fine mousse blanche non persistante. Au nez, les arômes maltés et épicés peuvent rappeler les rouges des Flandres dans une tout autre catégorie. Au goût, le biscuit et la noisette fumée accompagnés de notes de fruits comme la pomme, le kiwi et la groseille donnent une bière très équilibrée avec une finale ronde et très peu amère. Pour en apprécier toutes les nuances, il est conseillé de la déguster entre 10 et 13 °C.

TRAQUAIR
HOUSE ALE

Brasseur : **Brasserie Traquair House [Innerleithen]**
Catégorie : **scotch ale**
Alcool : 7,2 %

Créée en 1965, ce n'est qu'au courant des années 1970 que la Traquair House Ale sera véritablement reconnue. Brassée traditionnellement en utilisant des fûts de chêne, ce qui lui donne ce caractère unique et profond, cette ale à la belle robe noire aux reflets rubis offre une mousse crémeuse et pas de pétillance. Au nez, elle présente des arômes de chocolat et de malt torréfié aux notes de porto. En bouche, on retrouve ce même côté torréfié accompagné cette fois-ci d'un léger fumé mais on perçoit également des arômes de fruits mûrs comme la prune. La finale est boisée et épicée, longue et sèche. Servie entre 14 et 16 °C, elle s'illustre au moment du digestif ou durant les longues soirées d'hiver.

BIG RIVER TASMANIAN IPA

Brasseur : **Brasserie Eight Degrees (Mitchelstown)**
Catégorie : **IPA**
Alcool : **5,3 %**

Cette brasserie du comté de Cork, née en 2011 de la collaboration entre un Australien et un Néo-Zélandais (d'où le nom de leur bière), n'utilise que des produits naturels.
De couleur blonde, légèrement trouble, la Big River a peu d'effervescence et pas de mousse. Du verre, s'échappent d'exotiques fragrances de citron, mangue et fruits de la Passion. En bouche, elle se révèle pétillante, dévoilant des arômes herbacés, résineux et des notes d'agrumes, pour se clore sur une finale amère et sèche. Voilà une IPA qui plaira à l'amateur de résine et de pin. Toutes les bières produites par les brasseurs du Eight Degrees se servent à 8 °C, ce qui explique le nom de la brasserie. En outre, la ville de Mitchelstown est située à 8° de longitude, tout se tient !

BLACK BOAR

Brasseur : **Brasserie The White Hag (Ballymote)**
Catégorie : **imperial stout**
Alcool : **10,2 %**

The White Hag est, d'après la légende celte, une sorcière parfois considérée comme Mère nature elle-même. Un nom parfaitement choisi pour cette brasserie artisanale du nord de l'Irlande, qui a su insuffler dans ses bières l'esprit des mythes et légendes de la tradition celte.
Cette Black Boar, littéralement sanglier noir, porte bien son nom : robe d'un noir profond, épaisse et un peu liquoreuse, coiffée d'une mousse café, crémeuse et épaisse qui s'affine rapidement. Elle sent bon le café, le chocolat et les grains rôtis. En bouche, la sensation est un peu laiteuse, on trouve un goût de biscuit, dû à l'utilisation d'avoine, et des saveurs de chocolat noir amer. On sent le fumé, la saveur torréfiée du café, et les fruits noirs. La finale est un peu amère. Corsée, veloutée, onctueuse, on la boit entre 13 et 16 °C en accompagnement d'un fromage à pâte persillée comme le cashel blue ou le bleu d'Auvergne.

GUINNESS DUBLIN PORTER

Brasseur : **Brasserie Guinness & Co [Dublin]**
Catégorie : **porter**
Alcool : 3.8 %

À l'origine, la porter était la bière que les ouvriers buvaient le plus à Dublin et à Londres, au début du XIXe siècle. Le brasseur s'est inspiré d'anciennes recettes pour créer une nouvelle bière, adaptée aux goûts modernes. Découvrez une brune de couleur noire aux reflets rubis, cependant moins intense que la stout, et surmontée d'une mousse ivoire très intense et crémeuse. Autant au nez qu'en bouche, les saveurs de malt torréfié sont très présentes, et s'accompagnent de toffee et de chocolat noir, avec un très subtil soupçon de sucre, donnant finalement une bière très douce à boire. Il est conseillé de la servir entre 10 et 12 °C.

O'HARA'S IRISH RED

Brasseur : **Brasserie Carlow [Carlow]**
Catégorie : **red ale**
Alcool : 4.3 %

Cette rousse d'une couleur rouge foncé présente une mousse aérienne, mais non persistante. On y sent les céréales légèrement torréfiées et boisées ainsi que des arômes fruités. En bouche, l'équilibre est parfait entre la douceur sucrée du caramel qui lisse le palais, et l'amertume légère d'orge grillé et de fruit. Ce style de bière a retrouvé de l'intérêt auprès des buveurs irlandais, qui redécouvrent dans la O'Hara's Irish Red une bière anciennement connue sous le nom de Moling's red ale. Pour en apprécier toutes les nuances, servez-la entre 6 et 8 °C.

KILKENNY

Brasseur : **Brasserie Guinness & Co [Dublin]**

Catégorie : **red ale**

Alcool : 4,3 %

Certainement la bière irlandaise la plus connue avec la Guinness. Originellement appelée Smithwick, elle a dû changer de nom car ce dernier était imprononçable sur le continent européen. Elle fut baptisée Kilkenny, nom de la ville où elle était brassée à lorigine. Les deux créateurs de la série télévisée danimation américaine *South Park* avaient fait le pari de mettre le nom de la bière irlandaise dans tous les épisodes de la série. Et ce ne fut pas compliqué ! Avec le célèbre personnage Kenny qui meurt à chaque épisode, la fameuse réplique été née : « Oh my god, they killed Kenny! » (« Oh mon dieu, ils ont tué Kenny ! »).

Véritable madeleine des amoureux de l'Irlande, cette bière très crémeuse de couleur rousse, presque brune, aux subtils reflets rouges, a le pouvoir de transformer en pub n'importe quel salon. Laissez-vous séduire par sa mousse crémeuse et très abondante – due à l'addition de CO_2. Humez les arômes boisés, de caramel et ceux plus légers de noisette. Vous apprécierez son velouté et sa rondeur en bouche, son goût malté torréfié avec une légère amertume persistante.

Elle est idéale pour se désaltérer ou pour accompagner un repas comme du magret de canard ou de l'agneau. Servez-la entre 8 et 10 °C comme quand on la découvre dans le pays, mais s'il fait chaud, n'hésitez pas à la refroidir un peu plus !

FIRST BREWED 1710 ST. FRANCIS ABBEY
KILKENNY
IRISH RED
ALE
DRAUGHT
BREWED BY GUINNESS & CO. IN IRELAND
SERVE CHILLED
THE AUTHENTIC RED OF IRELAND
17 10
KILKENNY
IRISH BEER

Bières

AMÉRICAINES ET QUÉBÉCOISES

EVILTWIN BREWING
FREUDIAN SLIP
12 FL. OZ. BARLEY WINE ALE
10.3% ALC BY VOL
BARNEY FLATS OATMEAL STOUT
ANDERSON VALLEY
BARNEY FLATS
OATMEAL
STOUT
ALCHIMISTE MICROBRASSERIE
COLLECTION
Hors Série
IMPERIAL
STOUT
Bière Noire
JOLIETTE
7,9%
14 16°C

7 HOP IPA

Brasseur : Brasserie Rogue Ale (Newport)
Catégorie : IPA
Alcool : 7,77 %

La Rogue 7 est brassée avec sept variétés de houblons différents cultivés sur les terres de la brasserie. Médaillée d'or à la European Beer Star en 2014 et aux World Beer Championships en 2015, cette IPA collectionne les récompenses. De couleur or, avec un épais col de mousse ivoire, elle déploie de vivifiants arômes d'agrumes, notamment de citron, de fruits tropicaux et de sève de pin. En bouche, la fraîcheur désaltérante des agrumes et l'amertume dominent, teintées de notes de pin délicatement astringentes. On termine sur une sensation de sécheresse qui laisse place à une longueur houblonnée et amère. Les amateurs la dégusteront entre 8 et 10 °C, seule ou avec une viande rouge braisée ou des plats épicés.

ALASKAN SMOKED PORTER

Brasseur : Brasserie Alaskan (Juneau)
Catégorie : porter
Alcool : 6,5 %

Attention, édition limitée ! L'Alaskan Brewing Company ne brasse cette bière que le 1er novembre. Le porter fumé (ou smoked porter) s'inspire des très anciennes rauchbier allemandes, le style ne s'est démocratisé aux États-Unis qu'à la fin des années 1980. L'Alaskan Smoked Porter déploie le noir intense de sa robe sous une mousse brun clair d'une belle persistance. Ses arômes sont puissants : malt torréfié, vanille et même bacon fumé. L'attaque est onctueuse et fumée, les riches saveurs de bois et de malt s'imposent rapidement en milieu de bouche, avant une finale sèche où le goût fumé réapparaît. Bière robuste et corsée, elle se consomme entre 10 et 12 °C et peut vieillir en bouteille. On l'aime avec un saumon fumé au feu de bois, évidemment, ou du saucisson de Gaume.

ALL DAY IPA

Brasseur : **Brasserie Founders (Grand Rapids)**
Catégorie : **IPA**
Alcool : **4,7 %**

Les Founders se vantent de brasser des bières hors norme pour les rebelles et les amateurs d'originalité. Plus légère qu'une IPA – c'est le principe d'une Session IPA – la All Day ne manque pas de style. Elle révèle beaucoup d'effervescence, une robe pâle et limpide et de jolis parfums de fruits, d'agrumes, de malt, d'herbes et de caramel. En bouche, on découvre d'abord des saveurs de fruits et d'agrumes (pêche et pamplemousse), suivies d'effluves de houblon, de malt, de pin, de fleurs et d'herbes, avant une finale sèche et houblonnée. C'est une compagne idéale pour célébrer les plaisirs simples du quotidien après une bonne journée de travail. Pensez à la servir entre 5 et 8 °C.

ANCHOR STEAM BEER

Brasseur : **Brasserie Anchor (San Francisco)**
Catégorie : **steam beer**
Alcool : **4,9 %**

La Anchor Steam Beer voit le jour en 1896, mais sa mise en bouteille moderne date, elle, de 1971. « Steam » est un nom déposé par la brasserie Anchor pour protéger le goût singulier de la bière, dû au processus de fabrication spécifique développé par la marque. En effet, la Anchor Steam Beer doit son nom à une pratique de fabrication qui consistait à refroidir la bière à l'extérieur toute une nuit, ce qui ne manquait pas de provoquer de la vapeur, dite « steam » en anglais. Sa robe orange pâle et trouble est surmontée d'une crémeuse mousse blanche. On retrouve des saveurs douces de céréales et de fruits, suivies d'une légère acidité due aux houblons aromatiques. La finale est sèche et peu amère. Dégustez-la entre 7 et 9 °C.

BEAR REPUBLIC GRAND-AM

Brasseur : Brasserie Bear Republic [Healdsburg]
Catégorie : pale ale
Alcool : 6 %

Cette bière, baptisée Grand-Am en l'honneur de la course automobile du même nom, est un beau produit de la célèbre brasserie artisanale californienne.
Pétillante de fines bulles, dorée sous une haute tête de mousse blanche, elle dégage des parfums légèrement résineux, précédant des senteurs d'orange, de pamplemousse et de kumquat, avant de finir sur une pointe de malt biscuité. On est séduit par la saveur de pin du houblon et le subtil goût de malt. En milieu de bouche, on perçoit l'amertume du pamplemousse équilibrée par la douceur de l'orange et du kumquat, sur un arrière-plan de notes citronnées. La finale est sèche et rafraîchissante. Servie entre 6 et 8 °C, la Grand-Am peut accompagner pizza, hamburger, salade ou parmesan.

BLUE MOON

Brasseur : **Brasserie Blue Moon (Golden)**

Catégorie : **blanche**

Alcool : 5,4 %

De couleur jaune doré, trouble car non filtrée, elle est coiffée d'une épaisse mousse blanche. Au nez, on trouve des arômes d'épices et d'agrumes mêlés aux saveurs des malts et des levures. En bouche, on rencontre la coriandre et l'orange, mais aussi la douceur des malts d'avoine et d'orge qui rendent cette bière lisse et crémeuse. Inspirée des blanches belges que le brasseur avait découvertes à Bruxelles avant son année de création en 1995, la Blue Moon est un peu épaisse. Servie entre 5 et 7 °C, elle est délicieuse pour un apéritif estival, mais sait aussi accompagner avec douceur les fruits de mer et les plats asiatiques.

BROOKLYN
BEL AIR SOUR

Brasseur : Brooklyn Brewery (Brooklyn, New York)

Catégorie : sour

Alcool : 5,8 %

Bières américaines

Cette brasserie américaine n'a pas fini de nous étonner, car elle fait partie de celles qui se renouvellent sans cesse en s'adaptant au marché et aux saisons. Célèbre pour sa Brooklyn Lager, elle propose environ tous les quatre mois de nouvelles recettes « du moment ». Sur leur site internet, vous trouverez différents concepts de bières. Il y a celles qui sont à l'affiche toute l'année, les saisonnières et, également, un atelier d'expérimentation qui vous fera découvrir de nouvelles saveurs : le Brewmaster's Quarterly Experiment. Concernant la Bel Air, sachez que ce brassin au caractère expressif doit son nom à l'ancienne voiture de son brasseur !

Bière par nature aigre, elle reste accessible pour s'initier au sour. Sa robe dorée est surmontée d'une fine mousse peu persistante d'où s'échappent des arômes de fruits tropicaux et de levures – la particularité de cette bière, c'est l'utilisation d'une souche de levure propre à la brasserie Brooklyn. Le goût ensuite est caramélisé et malté, se dessinent des notes rafraîchissantes de fruits tropicaux grâce au houblonnage à cru du houblon Amarillo. La fermentation spontanée coiffe cette bière d'une acidité et d'une belle longueur en bouche.

Rafraîchissante et désaltérante, on la déguste entre 6 et 8 °C – quand elle est disponible, au printemps – en accompagnement de sorbets, de fruits, de fruits de mer ou encore de fromages crémeux comme le fromage de chèvre.

BROOKLYN
BREWERY
THE BROOKLYN BREWERY
LIMITED RELEASE
BROOKLYN
BRAND
BEL AIR SOUR
ALC./ALK. 5.8% VOL.

BARNEY FLATS OATMEAL STOUT

Brasseur : Brasserie Anderson Valley (Boonville)
Catégorie : oatmeal stout
Alcool : 5.7 %

La Barney Flat ne doit pas son nom à l'avoine noire qui la compose, mais à une forêt de séquoias si dense que la lumière du jour y pénètre à peine. Cette bière brassée à la main est écoresponsable. On admirera sa robe d'ébène, surmontée d'une fine mousse beige éphémère, avant de humer ses arômes gourmands de malt grillé, de café et de cacao. À la dégustation, l'attaque est ronde, suivie de saveurs de moka et de chocolat, avant une finale légèrement amère où se déploient des notes de terre et de céréales. Non pasteurisée, non stérilisée et non filtrée, cette bière corsée, qu'on sert entre 7 et 12 °C, est un délice qui se partage entre amateurs. Elle peut accompagner du bœuf grillé ou des fromages forts.

DICHOTOMOUS AUTUMNAL 2015T

Brasseur : Brasserie Jester King (Austin)
Catégorie : farmhouse ale
Alcool : 6.8 %

La brasserie artisanale fondée en 2010 par Jeff Stuffings et Michael Steffing dont le nom signifie « bouffon du roi », est spécialisée dans la bière fermentée à base de levure sauvage. Joshua Cockrell a créé les étiquettes qui ont remporté des prix lors des Championnats du monde de bière. La Dichotomous connaît quatre versions à l'année, chacune utilisant des produits locaux et de saison : Autumnal, Hibernal, Vernal et Estival. Elles sont en séries limitées et différentes d'année en année.

Cette blonde présente une robe orangée, un peu trouble et très dynamique. Sa mousse blanche aux reflets jaunes est moyenne et crémeuse. On sent des arômes acides et de mandarine, de foin, et d'un parfum boisé. En bouche, on a une saveur de mandarine et de cannelle avec une légère acidité, ainsi que des notes de vin blanc. La finale est un peu amère. Les amateurs la savoureront à 10 °C, en accompagnement d'une salade de fruits, de madeleines, ou de fromage frais.

FREUDIAN SLIP

Brasseur : **Brasserie Evil Twin (Stratford)**
Catégorie : **barley wine**
Alcool : **10,3 %**

Cette brasserie, déjà renommée, a été créée en 2010 par Jeppe Jarnit-Bjergsø (le frère jumeau de Mikke, brasseur de Mikkeller, d'où le nom Evil Twin). C'est une « gypsy brewery », une brasserie itinérante. Le principe est de se lier avec des producteurs ayant des excédents de capacité pour y brasser ses recettes. Extrêmement créative, on peut déjà la retrouver dans les plus grands restaurants. Cette ambrée à la robe brune, et aux bulles de toutes tailles, présente un corps assez épais et une mousse plutôt fine beige foncé. On sent des arômes de réglisse et, plus subtils, de menthe, de chocolat, ou encore de raisins secs. En bouche, on est surpris par une délicieuse petite saveur de menthe, un puissant houblonnage amérisant et résineux se mélangeant avec de subtiles notes de chocolat et de caramel. Une expérience qui peut rappeler les sous-bois, les feuilles mouillées et les champignons. À la fois douce et amère, elle se déguste entre 12 et 15 °C, en fin de repas ou à l'apéritif en hiver.

HONKERS ALE

Brasseur : **Brasserie Goose Island (Chicago)**
Catégorie : **bitter**
Alcool : **4,3 %**

Inspirée des bières traditionnelles de pubs anglais, la Honkers Ale se présente avec une séduisante robe ambrée, couleur doré clair, coiffée d'une mousse blanche fine mais résistante. C'est une bière à l'équilibre parfait, entre des saveurs riches de malt rôti et de caramel sucré, accompagné de houblon aromatique plutôt herbacé. Viennent s'y ajouter des notes d'agrumes et de subtiles saveurs terreuses comme celles de la noix. La finale est un peu épicée, mais l'amertume plutôt modérée, ce qui la rend facile à boire. Elle s'accorde parfaitement avec la cuisine de pub comme le fish & chips, le hamburger, ou le cheddar, et se déguste entre 9 et 11 °C.

KENTUCKY BOURBON BARREL ALE

Brasseur : Brasserie Lexington (Lexington)
Catégorie : ale
Alcool : 8,2 %

Cette bière mature pendant six semaines dans des fûts de bourbon fraîchement décanté, en provenance directe des meilleures distilleries du Kentucky.
On admire sa robe ambrée, un peu rouge, ornée d'une jolie mousse beige, et le parfait équilibre de ses arômes de caramel, bourbon et vanille. À la dégustation, le malt domine avec des saveurs caramélisées, avant que le bourbon ne se manifeste, déployant ses subtils effluves de vanille et de chêne. C'est encore lui qui s'impose délicatement en finale. Bien que le bourbon perde un peu de sa force dans l'exercice, cette bière reste bien séduisante tant en apéritif qu'en digestif, ou même avec une viande fumée. Dégustez-la entre 10 et 13 °C pour révéler ses arômes.

OLD RASPUTIN

Brasseur : Brasserie North Coast [Fort Bragg]

Catégorie : imperial russian stout

Alcool : 9 %

L'imperial russian stout est une catégorie très spécifique de bière forte développée au XVIIe siècle par les brasseurs anglais pour la cour de Russie. D'un noir très intense et surmontée d'une mousse brune dense et crémeuse, l'Old Rasputin est chargée d'arômes de chocolat noir et de café, ponctués de notes de grillé et de caramel. Elle est assez complexe en bouche : se suivent en plusieurs étapes des saveurs de chocolat, café et réglisse, puis celles de malts torréfiés et de bois ainsi que de houblons aromatiques, adoucis par une senteur de sucre candi. Sur l'étiquette, le portrait de Rasputin et cette petite phrase : « Un ami sincère n'est pas né instantanément. » Une bière réservée donc aux amateurs ou à ceux qui veulent s'initier, qui se déguste entre 14 et 16 °C, plutôt l'hiver pour se réchauffer, ou après un repas.

LES ACCORDS METS-BIÈRES

En France, l'habitude est d'accorder les plats avec le vin, mais la bière trouve aussi parfaitement sa place à table. Pour réaliser de bons accords entre un plat et une bière, il faut examiner les ingrédients de la recette pour déterminer les saveurs de base. Selon que le sucré, le salé, ou l'acide domine, on sera orienté vers un style de bière. Il ne faut pas oublier non plus les aromates ou les épices qui parfument le plat !

Il existe différentes façons de préparer les accords : ils peuvent être fondés sur des saveurs similaires, ou sur des saveurs opposées mais complémentaires. En se basant sur le deuxième type, les saveurs du plat et les arômes de la bière se rencontrent et mettent en valeur leurs différences pour créer quelque chose d'incroyable en bouche. Parfois il y a des métamorphoses, de petites notes que l'on ne détecte pas nécessairement au premier abord, mais qui, au contact de la bière, explosent en bouche.

Pour les fromages, il est plus facile de les accorder avec la bière qu'avec le vin. Le principe est celui de l'accord simple : une bière douce s'accorde avec un fromage doux ; une bière fortement amère s'accorde avec un fromage fort.

- **Fromage à croûte naturelle :** *blanche*
- **Fromage à croûte fleurie :** *blanche ou blonde légère et maltée*
- **Fromage à croûte lavée :** *blonde forte, ambrée ou brune équilibrée sur des notes de cassonade. On privilégiera les produits issus du même terroir*
- **Fromage à pâte pressée cuite :** *blonde sèche et fruitée si le fromage est jeune. Une blonde plus amère si le fromage est plus fort*
- **Fromage à pâte persillée :** *brune et ambrée, ronde et liquoreuse, ou même une IPA*
- **Fromage de chèvre frais :** *blanche, blonde légère*
- **Fromage de chèvre sec ou semi-sec :** *ambrée légèrement torréfiée ou une blonde goûteuse*

Plats Ingrédients	Saveurs similaires	Saveurs opposées complémentaires
HUÎTRES	lambic / sour / lambic fruité / blanche	stout / IPA
MOULES	blanche	IPA
SAINT-JACQUES	IPA fleurie / pilsner amère	lambic
FOIE GRAS	barley wine / bière au miel	pale ale / porter
CHARCUTERIE	pale ale / bière d'abbaye / bière trappiste	oud bruin
SALADE	blanche / lambic / pale ale / IPA	scotch ale / barley wine (peu sucrée)
GIBIER, VOLAILLES	lager / ale / bière de garde / bière d'abbaye ou trappiste	IPA / brune forte / oud bruin douce
GRILLADES VIANDES ROUGES	pale ale / triple / porter / stout / bitter / saison / IPA	marzen / mild ale / doppelbock
FRUITS DE MER	blanche	pale ale
POISSONS GRAS	dunkel / saison / bière de garde	IPA / pale ale
POISSONS BLANCS	blanche belge / blanche allemande / kölsch	IPA / pale ale
PLATS ÉPICÉS (DU PLUS DOUX AU PLUS ÉPICÉ)	köslch / lager / pale ale / IPA	porter / stout
DESSERTS AUX FRUITS	dunkel	barley wine
DESSERTS AU CHOCOLAT	stout / imperial (russian) stout	lambic / lambic fruité

MOSAÏC IPA

Brasseur : **Brasserie Karl Strauss (San Diego)**
Catégorie : **IPA**
Alcool : **5,5 %**

Karl Strauss est né en Allemagne, en 1912, dans la brasserie paternelle. Formé dans sa patrie, il est ensuite devenu maître-brasseur aux États-Unis avant de cofonder la brasserie avec un cousin. Chargée en houblon Mosaïc, cette IPA à robe dorée et mousse crémeuse répand des parfums fruités évoquant la pomme, la mangue, le raisin, la pêche et l'ananas. En bouche, les houblons explosent avec des saveurs de fleurs, de fruits tropicaux et de pin, tempérées par des notes légères de caramel. La dégustation se termine sur une amertume assez douce, qui peut décevoir les amateurs d'IPA typée. Idéale à l'apéritif, elle ne démérite pas avec des fruits de mer, du poisson mariné ou des plats épicés, surtout si on la sert entre 7 et 9 °C.

PRISCILLA

Brasseur : **Brasserie Oskar Blues (Longmont)**
Catégorie : **blanche**
Alcool : **5,2 %**

La Priscilla déploie l'or pâle de sa robe et l'effervescence de ses fines bulles sous un col de généreuse mousse blanche. Au nez, la présence délicate du blé s'impose avant les arômes d'orange et de citron. Quand la bière se réchauffe, elle dégage des notes légères de coriandre, de fleurs et de banane. En bouche, les sensations sont contrastées : attaque douce du blé, saveurs citronnées et poivrées avant l'explosion de goûts fruités (pastèque, cerise et orange), équilibrés par des accords épicés. Le corps doux et la carbonatation renforcent les saveurs, conduisant à une finale sèche et rafraîchissante. Plaisante en été, on la déguste entre 6 et 8 °C, en solo, mais aussi avec un poulet rôti ou un fromage persillé.

RAGING BITCH IPA

Brasseur : **Brasserie Flying Dog (Frederick)**
Catégorie : **IPA**
Alcool : **8,3 %**

Créée pour fêter les 20 ans de la brasserie, la Raging Bitch ne devait être qu'un « one shot », mais le succès aidant, elle fait désormais partie des meubles. On notera les étiquettes et le logo de Flying Dog, œuvres du fameux caricaturiste Ralph Steadman.

La robe de cuivre rouge, un peu voilée, est surmontée d'une mousse maigre. Le nez fruité révèle des arômes d'agrumes et de fleurs, précédant des notes d'épices douces et de levures. En bouche, c'est une explosion de saveurs fruitées, vite remplacées par un goût malté de caramel et une belle amertume. La finale est sèche et amère. Cette Raging Bitch bien houblonnée ravira ceux qui aiment la force des bières belges et l'amertume des IPA américaines. On la boit aux alentours de 7 °C, avec des plats cajuns ou du chocolat noir.

SAMUEL ADAMS BOSTON LAGER

Brasseur : **Brasserie Boston Beer Company (Boston)**
Catégorie : **lager**
Alcool : **4,8 %**

Cette bière emblématique est la plus bue à Boston. Depuis 1984, Boston Beer Company utilise les meilleurs ingrédients sélectionnés à la main, et a été l'un des fers de lance de la révolution américaine de la bière, permettant ainsi aux amateurs désespérés par les bières industrielles ultralégères et sans caractère, d'avoir enfin accès à des bières artisanales de qualité. Sa couleur jaune orangé légèrement trouble et sa belle mousse blanche attisent la gourmandise. Au nez, on trouve des arômes de malt et de caramel grillé accompagnés de petites touches fruitées, notamment d'abricot. En bouche, on retrouve la douceur de l'abricot, à laquelle s'ajoutent des notes d'agrumes ainsi qu'une légère amertume houblonnée et florale, rendant cette bière aromatique, bien équilibrée et gourmande. On la servira de préférence entre 5 et 7 °C.

SIERRA NEVADA PALE ALE

Brasseur : Sierra Nevada Brewing Co. [Chico]

Catégorie : pale ale

Alcool : 5,6 %

La brasserie a été créée en 1979 et la pale ale a vu le jour en 1980. Aujourd'hui, la brasserie comporte également un broue-pub-restaurant, The Sierra Nevada Taproom & Restaurant, ainsi qu'une salle de concert, The Big Room. C'est en 1983, époque à laquelle la brasserie ne produisait que 25 à 30 fûts par semaine, que Steve Dressler en est devenu le maître-brasseur. Même si Sierra Nevada est parfois désignée comme une microbrasserie, le volume de sa production annuelle la place désormais dans la catégorie des brasseurs de bière artisanale.

C'est la bière de la brasserie qui rencontre le plus de succès. Légèrement amère, elle est facile et agréable à boire. Sa couleur blond orangé un peu trouble annonce les parfums de malt caramélisé et de houblons portés sur l'agrume qu'on respire. En bouche, on retrouve l'agrume, une amertume franche sur le pamplemousse, le citron et l'orange qui laisse place aux saveurs des malts caramel et de petites notes herbacées pour ramener un peu de fraîcheur en bouche. On reste sur une amertume soutenue, mais tout en équilibre par les malts. Complexe et équilibrée, elle peut être appréciée à l'apéritif en accompagnement de tapas ou lors d'un repas avec un steak et des légumes grillés. Pour que les saveurs amères et aromatiques des houblons puissent se développer sans écœurer, il est conseillé de la boire entre 8 et 10 °C.

PALE ALE
SIERRA NEVADA
PALE ALE
HANDCRAFTED ALE
alc. 5.6% vol.
SIERRA NEVADA

SINGLE-WIDE IPA

Bières américaines

Brasseur : Boulevard Brewing Co. (Kansas City)

Catégorie : india pale ale

Alcool : 5,7 %

De vacances d'été en Europe, John Macdonald revint avec l'envie de créer des bières avec plus de goût et de corps que celles traditionnellement brassées aux États-Unis. En 1989, sa première bière sort des cuves, qui, pour la petite histoire, proviennent d'une ancienne brasserie bavaroise. En 2014, la brasserie entre dans la grande famille de Duvel Moortgat, qui aide des brasseries artisanales à se développer. Depuis le premier jour, la passion du goût et la volonté de créer de nouvelles recettes n'ont jamais quitté John.

De couleur jaune paille aux reflets orangés et surmontée d'une fine mousse blanc cassé, cette bière dégage des arômes de fleurs, de pamplemousse et de malt légèrement caramélisé. En bouche, on trouve un bel équilibre entre ce malt et les houblons, aux notes d'agrumes et de fruits tropicaux. La finale est plutôt sèche et d'une délicate amertume plutôt longue, que l'on doit aux six houblons utilisés. La Single-Wide est assez douce pour une IPA et peut donc constituer une initiation intéressante pour ceux qui ne connaissent pas ce type de bières.

Pour faire ressortir tous ses arômes, on conseille de la déguster bien fraîche entre 6 et 7 °C à l'apéritif mais aussi en accompagnement de plats épicés.

BOULEVARD
BREWING CO.
BOULEVARD
BREWING CO.
SINGLE-WIDE
IPA
INDIA PALE
ALE
BIER

SIX

Brasseur : Brasserie Upright (Portland)
Catégorie : bière de seigle
Alcool : 6,7 %

Pourquoi Six ? Le chiffre annonce tout simplement le nombre de saveurs que les palais perspicaces pourront découvrir à la dégustation. Brune à la robe sombre et brumeuse, la Six dégage des arômes très prononcés de malt de seigle, de caramel, de chocolat, de bois, de cerise et de pruneau. En bouche, se suivent, en plusieurs étapes, des saveurs de malt sucré, de houblons herbacés et terreux, de fruits noirs, de caramel, de cacao, de poivre pour terminer sur un épais goût de seigle. Après la petite amertume du houblon, la fin est sèche et grillée. La Six est une bière équilibrée, dont l'harmonieuse alchimie se révélera autour de 8 à 10 °C. Elle est parfaite avec des saucisses grillées, du pastrami, du jambon ou du cheddar.

SPENCER IPA

Brasseur : Brasserie Spencer, Abbaye Saint-Joseph (Spencer)
Catégorie : trappiste
Alcool : 7,2 %

Cette abbaye trappiste est la seule à brasser de la bière outre-Atlantique, elle est aussi la seule à produire une IPA trappiste – estampillée depuis 2013 « Authentic Trappist Product ».
La Spencer IPA arbore une mousse fine, blanche et peu persistante sur une robe dorée, à l'effervescence légère. Au nez, ses arômes fruités d'agrumes évoluent vers des senteurs de résine de pin et de caramel. En bouche, on découvre un tuilage de goûts, d'abord la douceur caramélisée des malts, puis des saveurs d'herbes, de pin, de pêche et de fruits tropicaux, relevées de zestes d'orange. Équilibrée, la Spencer présente une belle amertume sèche. Ses arômes se révèlent entre 7 et 9 °C, qu'on la boive en apéritif, ou avec des fromages à pâte cuite ou pressée.

STONE GO TO IPA

Brasseur : **Brasserie Stone (Escondido)**

Catégorie : **IPA**

Alcool : **4.7 %**

Créée en 1996 à San Diego, la brasserie artisanale californienne Stone a ouvert depuis peu une succursale à Berlin, signe de son succès grandissant ! Son IPA dévoile une robe dorée, un peu trouble, une abondante mousse blanche et un bouquet acidulé aux notes puissantes de houblon, typique de ce type de bière. La franche amertume de l'attaque évolue vite vers des saveurs fruitées de citron vert, de pêche et de melon d'eau avant une fin de bouche légèrement astringente sur une texture sèche. La finale longue a une dominante fortement amère. Tonique et rafraîchissante, elle plaira à l'amateur d'IPA typée. On la déguste entre 7 et 8 °C sur des plats épicés.

THE KRAGLE IPA

Brasseur : **Brasserie Free Will (Perkasie)**

Catégorie : **IPA**

Alcool : **6.6 %**

La brasserie, fondée en 2011 par John Stemler et Dominic Capece, a connu une croissance rapide qui témoigne de la qualité de sa production.

Belle illustration avec cette IPA à la robe d'or clair, limpide et peu bulleuse sous une fine mousse blanche. Au nez, elle révèle principalement des arômes fruités de houblons sur le raisin blanc et les agrumes. En bouche, on perçoit d'abord les saveurs des malts utilisés, vite remplacées par la franche amertume des houblons aux notes de résine de pin et d'orange. La finale est longue, avec une amertume qui va en s'accentuant. Bien typée, la Kragle ne peut que séduire les amateurs d'IPA. Servie entre 7 et 10 °C, elle tiendra tête aux plats les plus épicés.

ALCHIMISTE IMPERIAL STOUT

Brasseur : **Microbrasserie Alchimiste (Joliette)**
Catégorie : **imperial stout**
Alcool : 7,9 %

La microbrasserie, née en 2001 de la rencontre entre quelques passionnés, fait désormais partie du paysage brassicole québécois, tout comme l'Alchemist Imperial Stout, l'une de leurs premières recettes.
Il émane de sa robe brun clair et de sa mousse crémeuse des arômes complexes et intenses, où se succèdent malt rôti, café, chocolat noir, un brin d'alcool et un soupçon de tire d'érable. La texture est riche et liquoreuse, voire laiteuse. Après un puissant goût d'expresso, les saveurs de moka et de chocolat noir se marient à la chaleur de l'alcool et à l'amertume de l'orge rôtie et du houblon résineux. La finale est longue et plaisante. Cette stout, dont les arômes se révèlent entre 12 et 16 °C, a de quoi séduire. Elle fait merveille sur un fromage crémeux ou un gâteau au chocolat.

BLANCHE DE L'ERMITAGE

Brasseur : **Microbrasserie Hopfenstark (Assomption)**
Catégorie : **blanche**
Alcool : 5 %

Hopfenstark en allemand signifie « houblon puissant ». Quand Frédérick Cormier et Hugues Dumontier ont créé la brasserie en 2006, leur volonté était de brasser des bières singulières en respectant le plus possible les styles historiques. Frédérick est souvent considéré comme le meilleur brasseur et spécialiste québécois de la « Saison ».
Sa robe est d'un jaune serin éclatant que ne ternit pas son aspect voilé. On sent bien les céréales sucrées, les fleurs, le miel et une légère acidité citronnée. En bouche, elle est ronde et bien équilibrée. Ce sont les saveurs fruitées qui dominent dans cette bière crémeuse : les agrumes, la pêche, la banane verte et la poire, avec une nuance gourmande de grains, de miel et de pain frais. On sent aussi les fleurs, le miel avec ce côté très sucré et, en fin de bouche, les levures belges et les épices (coriandre, clou de girofle, poivre). La finale est courte. Elle séduira tous les amateurs de bières douces ou sucrées. Elle se sert entre 6 et 8 °C, en toute occasion, ou pour accompagner un tartare de poisson, des fruits de mer ou du chèvre frais...

GLUTENBERG IMPERIAL SOTOLON (SÉRIE GASTRONOMIE)

Brasseur : **Glutenberg (Montréal)**

Catégorie : **strong ale – sans gluten**

Alcool : 8 %

Les amateurs de bière intolérants au gluten sont souvent à la peine devant la pauvreté de l'offre. C'est exactement pour cette raison que Julien Niquet, lui-même intolérant, a décidé de tenter l'aventure. Avec son ami David Cayer, et aidés de Gabriel Charbonneau, ils réussissent en 2011, après maints essais infructueux, à sortir leur première bière.
La Glutenberg Imperial Sotolon fait partie d'une série limitée, elle a été élaborée avec François Chartier, sommelier de renommée internationale. Le résultat est un produit d'exception, au nez très aromatique, au goût marqué par une liqueur prenante, des notes d'érable, de rhum avec les nuances boisées du fût (dans lequel elle a vieilli) et les épices pour une belle longueur en bouche. Cette bière gourmande se déguste entre 12 et 14 °C en digestif ou avec une pièce de viande ou encore un plat épicé.

MAUDITE

Brasseur : **Unibroue (Chambly)**

Catégorie : **double ale (style abbaye)**

Alcool : 8 %

Avec ses 8 % d'alcool, la Maudite, qui s'inspire des bières d'abbaye et des doubles belges, est devenue en 1992 la première bière forte distribuée en épicerie. Son nom et l'illustration de son étiquette font référence à une célèbre légende québécoise de pacte avec le diable.
Ambrée aux teintes acajou, elle est légèrement voilée et d'une effervescence soutenue. Sa mousse beige, dense et crémeuse, laisse échapper des arômes de malt, d'orange et d'épices. On sent aussi des effluves de coriandre, de clou de girofle et des notes florales de houblon. À la dégustation, on apprécie le velouté de sucre caramélisé et des notes de torréfaction, pour rester sur une finale épicée. C'est une bière riche en saveurs, très bien équilibrée, avec une bonne longueur en bouche. Servie entre 8 et 12 °C, elle accompagne parfaitement les desserts, les fromages aromatiques, les plats épicés ou à base de tomate.

MR BROWN

Brasseur : Avant-garde, artisans brasseurs (Montréal)
Catégorie : brown ale
Alcool : 4,5 %

Pour les deux jeunes brasseurs, Renaud Gouin et Shawn Duriez, la bière est un art complet. Ils s'appliquent depuis 2016 à réaliser des bières de style, qui ont chacune leur personnalité et leur univers graphique.
Cette brown ale est typiquement dans le style britannique. Elle présente une belle robe brune aux reflets couleur caramel, coiffée d'une mince mousse blanc cassé. S'en dégagent des parfums de grains rôtis, de noisette, de vanille et d'autres arômes terreux et d'une levure anglaise aux notes légèrement poivrées. À la dégustation, on savoure l'harmonie de notes de noix, de noisettes, de caramel et de grains grillés (et légèrement torréfiés), un goût terreux d'écorce et de tabac, mais aussi de baies, de raisins rouges et de minéraux, pour une finale sèche. Pour en apprécier toutes les nuances, on recommande de la déguster entre 10 et 12 °C lors d'un repas, en accompagnement d'un steak, d'un risotto aux champignons ou d'un tiramisu. Ou en écoutant un bon morceau des Rolling Stones !

PÉCHÉ
MORTEL

Brasseur : Microbrasserie Dieu du Ciel [Montréal]
Catégorie : imperial russian stout
Alcool : 9,5 %

D'abord intrigué par le nom de cette bière, vous serez par la suite séduit par sa robe d'un noir profond et dense, surmontée d'une mousse couleur café qui, bien qu'imposante, s'estompe rapidement. Au nez, les arômes de café sont très prononcés, voire légèrement fumés, accompagnés de parfums chocolatés et vanillés, et d'une pointe résineuse. En bouche, la sensation est douce et crémeuse. On retrouve le café qui prend un moment le palais avec des notes chaudes et savoureuses. Travaillée avec un café équitable infusé dans le brassin, cette bière de dégustation réchauffe et réconforte quand il fait froid. On conseille de la servir entre 14 et 16 °C.

SAISON DES PLAGES

Brasseur : **Brasserie Boréale, les Brasseurs du Nord (Blainville)**
Catégorie : **ale**
Alcool : 4,9 %

La Saison des Plages, brassée uniquement en période estivale, d'où son nom, arbore une robe jaune paille, limpide et une très fine mousse blanche. Le nez est frais, riche d'agrumes avec un soupçon de poivre rose et des notes céréalières, avant l'apparition de senteurs d'herbes fraîches, comme le basilic. En bouche, les saveurs de citron, poivre et céréales sont tout aussi plaisantes. Les houblons herbacés, accompagnés de levure épicée, provoquent une finale douce et très peu amère qui rend la Saison des Plages bien agréable. Cette bière estivale, d'inspiration belge, a un petit côté rustique. Servie aux alentours de 6 °C, elle vous rafraîchira sous le parasol avec ses vivifiants parfums de citron et d'herbes !

SAISON DU TRACTEUR

Brasseur : **Microbrasserie Le Trou du Diable (Shawinigan)**
Catégorie : **saison**
Alcool : 6 %

Le nom de la brasserie, Le Trou du Diable, est hérité du nom iroquois « trou du mauvais manitou », une caverne où le diable avait, dit-on, élu domicile, et qui aimait, bien sûr, déguster une bonne cervoise à ses heures perdues. De couleur blond orangé, elle est surmontée d'une généreuse mousse blanche. Au nez comme en bouche, on ressent des arômes d'agrumes et de fruit de la Passion ainsi que de fleurs et d'épices poivrées, que l'on doit aux levures utilisées. Bien que gustativement complexe, c'est une bière désaltérante et savoureuse, à servir à 9 °C, parfaite par grosse chaleur ou après une longue journée de travail.

SMASHBOMB ATOMIC IPA

Brasseur : **Brasserie Flying Monkeys (Barrie)**
Catégorie : **IPA**
Alcool : 6 %

Peter Chiodo, fondateur de Flying Monkeys en 2004, dit vouloir révolutionner les codes de la microbrasserie. La Smashbomb Atomic IPA atteint son but, même si elle paraît un peu retenue pour une véritable IPA. Une fois servie, elle dévoile une robe ambrée sous une haute tête de mousse blanche. Au nez, c'est un tuilage d'arômes de fleurs, malt grillé, résine de pin et fruits exotiques. En bouche, l'attaque est doucement maltée et caramélisée, puis résineuse avant l'explosion des fruits tropicaux (fruit de la Passion, pamplemousse, citron vert, ananas, mangue et papaye) et du houblon Citra. Ces saveurs exotiques conduisent à une finale amère assez courte. Cette bombe éclate entre 6 et 8 °C, qu'on la déguste seule ou avec des fruits de mer, du canard, de la dinde ou du gorgonzola.

TRÈFLE NOIR

Brasseur : **Brasserie artisanale Le Trèfle Noir (Rouyn-Noranda)**
Catégorie : **stout**
Alcool : 5.8 %

Si la brasserie artisanale du Trèfle Noir a commencé petit, en 2009, elle dispose aujourd'hui de plus de 150 points de vente au Québec. Son stout, d'un noir opaque, est couronné d'une abondante mousse couleur cappuccino, crémeuse et persistante. Les arômes torréfiés sont puissants, on y décèle le chocolat amer, les grains rôtis et un soupçon de pain d'épices. En bouche, la texture est onctueuse, le chocolat amer et le moka évoluent en force, ponctués de notes de céréales. On finit sur un long et bel équilibre entre âpreté du torréfié et douceur du cacao. Bière ronde en bouche aux goûts riches, elle se mariera bien avec un fromage fumé (cheddar, gruyère ou gouda), surtout si on la sert entre 8 et 12 °C.

Bières

RESTE DU MONDE

BroKREACJA
THE ALCHEMIST
AMERICAN IPA
ONEKA
BELGIAN ALE

BERNARD CERNÝ LEZAK 12

Brasseur : Brasserie Bernard (Humpolec)
Catégorie : lager
Alcool : 5 %

Cette brasserie, rachetée aux enchères en 1991 par Stanislav Bernard, a rapidement acquis une renommée nationale puis internationale.
On admire la robe rubis sombre de cette bière, coiffée d'une haute tête de mousse beige peu persistante. Au nez, ses arômes torréfiés tirent vers le caramel. La saveur d'attaque, très maltée, fait la part belle au café et au caramel, avant de développer des arômes de houblon. L'amertume est faible et moyennement persistante. C'est l'une des bières les plus réputées de la brasserie, légère en alcool et consensuelle, elle est idéale avec un fromage frais de brebis ou un bleu d'Auvergne. On la servira entre 7 et 10 °C.

BUDWEISER BUDWAR

Brasseur : Brasserie Budweiser Budwar (Budějovice)
Catégorie : pils
Alcool : 5 %

La Budweiser Budwar n'a rien à voir avec la Budweiser américaine, de nombreux procès opposent d'ailleurs ces deux firmes depuis des lustres ! La brasserie tchèque, qui existait avant la marque américaine, doit son nom à la ville de Budějovice où elle est implantée.
Bière à la robe d'or cristalline, emplie de fines bulles, elle charme par son bouquet délicat, légèrement malté, aux beaux arômes de houblon. Vive, douce et ronde en bouche, on y décèle un subtil goût fruité, avant une finale légèrement amère et plutôt sèche. Désaltérante et stylée, cette Budweiser plaira aux amateurs de pils... et aux autres. Servie fraîche, entre 4 et 6 °C, elle s'impose à l'apéritif, mais peut aussi accompagner un repas simple.

LOBKOWICZ ALE

Brasseur : **Brasserie Lobkowicz (Prague)**
Catégorie : **ale**
Alcool : **4 %**

Cette bière, la plus ancienne du pays, jouit d'une belle notoriété en République tchèque. Il faut dire que la brasserie a été fondée en 1466 par la famille Lobkowicz, illustre nom de la vieille noblesse bohémienne.
Sa robe cuivrée et sa mousse crème, de belle tenue, révèlent de légers arômes de houblons sur les agrumes, et de malts un peu épicés. On y découvre des saveurs de caramel et d'agrumes, notamment de pamplemousse, teintées d'une note herbacée en fin de bouche. L'amertume reste légère, avec une finale semi-longue qui produit un effet très rafraîchissant. Elle séduira l'amateur de bitter de type anglo-saxon, qui la consommera entre 5 et 7 °C, à l'apéritif ou lors d'un barbecue entre amis.

PARDÀL ECHT SVETLÝ LEZAK

Brasseur : **Brasserie Budějovický (Budvar)**
Catégorie : **pils**
Alcool : **4,5 %**

En 2007, la Pardál a été introduite sur le marché dans le sud de la Bohême, les résultats dépassant toutes les attentes, la brasserie a décidé d'étendre la distribution à l'ensemble de la République tchèque.
La Pardál arbore une belle robe cuivrée, limpide et pétillante de fines bulles qui révèlent de puissants parfums de malt et de miel sur une sensation de houblon aromatique. En bouche, on la découvre légèrement amère, miellée et surtout très maltée ; des saveurs qui se prolongeront tout au long de la dégustation, jusqu'à la courte finale. C'est une bière peu amère et agréable qui se boit à grands traits. On la sert fraîche, entre 5 et 6 °C, à l'apéritif ou pour se désaltérer après de gros travaux manuels.

PILSNER URQUELL

Brasseur : Brasserie Pilsner Urquell (Pilsen)
Catégorie : pils
Alcool : 4,4 %

Brassée pour la première fois en 1842, elle est la première bière à fermentation basse au monde, et la créatrice du style des pils. Aujourd'hui, elle est considérée comme l'une des plus grandes bières du monde. Elle bénéficie d'une eau de source de Bohème très douce, du houblon tchèque Saaz, ainsi que d'un malt clair de qualité lui apportant toute sa singularité. D'une robe blond doré et limpide, elle est bien pétillante et surmontée d'une mousse blanche fine et persistante. Au nez, le Saaz nous enivre d'odeurs d'herbes et de fleurs. Puis, la finesse et la légèreté de la bière se ressentent en bouche grâce à une petite touche de céréales et de houblons, accompagnée de subtiles notes de miel pour une belle amertume finale et sèche. Bière très désaltérante, il faut la boire limite glacée, entre 4 à 6 °C, ce qui étanche la soif. Sa faible teneur en alcool lui permet d'être dégustée à tout moment de la journée.

VELKOPOPOVICKÝ KOZEL 11

Brasseur : Brasserie Plzeský Prazdroj (Pilsen)
Catégorie : pils
Alcool : 4,6 %

Cette blonde, dont le nom signifie « bouc de la ville de Velké Popovice », a reçu de nombreuses distinctions dans de prestigieux concours nationaux et internationaux. Sa robe est dorée et limpide, peu bulleuse avec un col de mousse blanche et fine qui retombe vite. Le nez est assez neutre, dominé par une discrète sensation de levure. Pétillante au palais, elle révèle des saveurs de céréales et de houblons aromatiques qui rappellent les pils tchèques. La dégustation se termine sur une fine amertume et une impression de douceur. Amateurs de Żywiec, Budweiser Budwar, Staropramen, vous trouverez là votre bonheur ! Elle est parfaite à l'apéritif, mais sait se tenir avec une dinde rôtie. On conseille de la servir aux alentours de 5 à 7 °C.

RADEGAST

RYSE HORKA 12

Brasseur : Brasserie Plzeňský Prazdroj (Pilsen)

Catégorie : lager

Alcool : 5,1 %

Cette bière, placée sous le signe de Radegast, dieu slave de la guerre (et de la bière), a été commercialisée à la fin des années 1970. Elle paraissait alors bien amère aux palais tchèques, qui ont pourtant fini par l'apprécier.
Peu bulleuse, avec une robe d'or clair et une mousse blanche et fine, elle dégage des arômes maltés de caramel et d'herbes fraîches. On la découvre lisse en bouche, déployant les mêmes saveurs de malt et de caramel doux qu'au nez, avec des notes fruitées de houblon évoquant la pomme. La finale est bien maltée et d'une belle amertume. La Radegast plaira à l'amateur de pils, ale et lager qui apprécie le goût de céréales. Rafraîchissante, elle se consomme aux alentours de 5 à 7 °C.

STAROPRAMEN

Brasseur : Brasserie Staropramen (Prague)
Catégorie : pils
Alcool : 5 %

La Staropramen est n° 1 à Prague, ce qui n'est pas peu dire, car les amateurs de bière abondent en République tchèque. La brasserie, fondée en 1869, fut la première du pays à automatiser le processus de mise en bouteille.
On est séduit par ses arômes de malt blond – assortis à sa robe dorée –, épicés d'une pointe de levure et d'un zeste de pamplemousse. En bouche, elle a tout de la pils : douceur du malt blond, amertume et vigueur du houblon Saaz, avec de délicates notes fruitées, caramélisées et florales. Facile à boire, elle se déguste à l'apéritif ou pour se rafraîchir après une longue journée de travail en été. On conseille de la servir entre 6 et 8 °C.

TMAVE

SPECIALNI PIVO – BOHEMIAN BLACK LAGER

Brasseur : **Brasserie Herold (Březnice)**
Catégorie : **lager (black)**
Alcool : **5,2 %**

Cette bière est vendue sous différents noms selon les marchés : Tmávé speciální pivo en République tchèque, Czech black lager ou Bohemian black lager à l'international.
Cette brune aux reflets d'acajou, parée d'une belle mousse beige clair, développe des arômes rôtis de cacao et de noisette, avec un soupçon de plantes. En bouche, on apprécie les saveurs de malt légèrement grillé et de fruits secs (raisin et pruneaux), sucrées par un brin de caramel. La finale est longue sur le grillé avec une amertume modérée au goût d'herbe. Légère en alcool, cette black lager n'en a pas moins du caractère. Elle se déguste avec des mets forts, hareng fumé, viande marinée ou chocolat noir, entre 7 et 10 °C, pour exprimer tout son potentiel.

Bières autrichiennes

BENNO

Brasseur : Abbaye d'Engelszell (Engelhartszell)

Catégorie : trappiste

Alcool : 6,9 %

Les noms des trois bières de l'abbaye rendent hommage à d'anciens moines. Sous la direction du père Benno Stumpf, élu père abbé en 1953, l'église et les bâtiments du monastère furent restaurés et la coupole vierge du monastère décorée d'une fresque représentative de l'art du XXe siècle. Dans la composition de leurs bières, les moines s'inspirent des paysages exceptionnels entourant le monastère, mais veulent aussi mettre en évidence les ingrédients de leur région, leur responsabilité morale et écologique à l'égard des hommes et de la nature. La Benno, par sa couleur, fait penser à une journée d'automne ensoleillée dans la vallée du Danube.

Gourmande et ronde, cette bière à la robe rouge cuivré, dotée d'une belle effervescence avec de fines bulles, permet de découvrir le travail des trappistes (seule abbaye trappiste d'Autriche, elle a obtenu le label courant 2012). Sentez d'abord les houblons d'Alsace qui dégagent force et épices. On aura aussi des arômes de caramel, de fumé et de miel accompagnés de notes fruitées de mandarine. Goûtez ensuite le malt fumé avec des saveurs de miel non sucré, accompagné d'une belle petite amertume sèche et douce avec de légères touches acides et fraîches. La finale harmonieuse sera longue et légèrement amère. Sa teneur en alcool lui permet d'être dégustée à tout moment de la journée, mais elle peut également accompagner des viandes grillées ou un fromage fort. Servez-la entre 10 et 12 °C pour en apprécier les saveurs de malt fumé et de miel.

Stift
Engelszell
Österreichisches Erzeugnis
Stift
Engelszell
BENNO
TRAPPISTENBIER
www.stift-engelszell.at
6,9 % Vol.
AUTHENTIC TRAPPIST PRODUCT
0,33 l

GRANITBOCK ICE

Brasseur : Brasserie Hofstetten (Saint-Martin)
Catégorie : eisbock
Alcool : 11,5 %

Une bière insolite et corsée au procédé de fabrication bien spécifique. La brasserie Hofstetten se procure toutes ses matières premières au niveau local, à commencer par l'eau qui a traversé la roche granitique des aquifères. Un granit que l'on retrouve au niveau des cuves et aussi des blocs chauffés à vif pour caraméliser la bière une fois transférée dans les cuves.
Le résultat, c'est une brune aux reflets rougeâtres, sans bulles, très liquoreuse, surmontée d'une mousse marron alvéolée non persistante. On y respire des arômes de sucre brun, de brandy et de fruits noirs. La saveur en bouche est abondante, grasse et riche de malt sucré, de caramel, de pruneau et de griottes. On reste sur une finale bien ronde, des notes de caramel qui tapissent le palais. Elle est idéale en hiver en fin de repas, ou en été pour accompagner du melon et du jambon cru. Elle est délicieuse entre 14 à 16 °C.

SAMICHLAUS
CLASSIC

Brasseur : Brasserie Château Eggenberg [Vorchdorf]

Catégorie : doppelbock

Alcool : 14 %

La Samichlaus (« Père Noël » en autrichien) n'est produite qu'une seule fois par an, le 6 décembre, jour de la Saint-Nicolas. Le processus de production est complexe et demande une longue durée de stockage en cave (10 mois). Cette ambrée à la couleur brun rougeâtre et à l'aspect liquoreux est surmontée d'une mousse blanche crémeuse rappelant la crème du cappuccino. De puissants arômes de raisin, de pruneau et de chocolat se mélangent agréablement à une douceur maltée et sèche ainsi qu'à un puissant parfum d'alcool, proche du cognac. Adaptée aux périodes de grand froid, elle est faite pour nous réchauffer. Il est ainsi préférable de la déguster à la température à laquelle on servirait un grand vin rouge ou un digestif d'exception (de 14 à 16 °C). Elle peut être vieillie plusieurs années en bouteille, en cave et toujours debout.

BRETTALICIOUS BRETT SAISON FOUDRE 1

Brasseur : **Microbrasserie Oersoep (Nimègue)**

Catégorie : **sour**

Alcool : **5,5 %**

« Soupe primordiale », telle est la traduction du nom flamand de cette brasserie ! C'est bien vu, car la fermentation s'apparente à la lente gestation élémentaire, à l'origine de la vie sur terre. La Brettalicious, ensemencée avec des levures Brett, dévoile une robe dorée, un peu trouble et sans bulles, coiffée d'une fine mousse blanche. Les arômes de malt et la note acide des levures se retrouvent au palais. Toutefois, l'acidité est plus contenue, teintée de fruits rouges, et adoucie par la rondeur des malts et une petite pointe de sucre, relevée d'une touche boisée. La finale est courte et sèche. Cette Brettalicious fait la part belle aux saveurs acides. Rafraîchissante, on la boit entre 7 et 9 °C, pour accompagner une salade estivale aux asperges vertes et aux œufs mollets.

BRONCKHORSTER POPULUS 6921

Brasseur : **Brasserie Bronckhorster (Rha)**

Catégorie : **quadruple**

Alcool : **11 %**

6921 est le code postal de Duiven, commune des Pays-Bas où était installée la brasserie Rodenburg quand cette bière a été créée.
Ambre, avec une belle mousse crème, la Bronckhoster exhale de doux arômes de bonbon et de raisins secs, sur un arrière-plan fruité évoquant la cerise et la mandarine. En bouche, on se délecte des saveurs gourmandes de poire et de caramel, corsées d'une pointe de réglisse. La finale est agréable et légèrement amère. À l'odeur et au goût, cette quadruple se rapproche d'un barley wine. Elle a suffisamment de corps et de caractère pour s'accorder avec du canard, du lapin ou même du gibier, mais elle sait aussi accompagner les fromages et les desserts au chocolat noir. Servie aux alentours de 12 °C, elle donnera le meilleur d'elle-même.

DONA DARKNESS

Brasseur : **Brasserie Nowhere (Rotterdam)**
Catégorie : **porter**
Alcool : 5,9 %

La philosophie de Nowhere se résume en quelques mots : respect des ingrédients, respect du processus et volonté de fournir une excellente expérience gustative. Tout est dit !
La Dona Darkness porte bien son nom, sa robe est opaque, sous une haute tête de mousse couleur moka, très alvéolée, qui fleure bon le café fumé et les céréales. En bouche, on retrouve les saveurs de chocolat amer mêlées de céréales rôties, typiques des porters, stouts ou doubles belges. La finale est longue sur le torréfié, rehaussée d'une légère chaleur d'alcool. Les amateurs de brunes de caractère apprécieront cette belle interprétation du porter. Pour exalter sa richesse aromatique, servez-la entre 10 et 12 °C. Idéale en digestif, elle s'accorde bien avec une viande rouge fumée ou de la glace à la vanille.

HERTOG JAN GRAND PRESTIGE

Brasseur : **Brasserie Hertog Jan (Arcen)**
Catégorie : **quadruple**
Alcool : 10 %

Distinguée par trois fois à la World Beer Cup, en 2012, 2014 et 2016, la Hertog Jan Grand Prestige a été créée en l'honneur de Hertog Jan (1252-1294), duc de Brabant fort amateur de bière.
La mousse est beige, généreuse et peu persistante, la robe brune, traversée de reflets rouges. Les parfums sont agréables, fruités avec des notes de prune, de banane et une touche de vanille. En bouche, l'attaque est ronde et savoureuse, déployant une palette de fragrances d'abord maltées et sucrées puis fruitées, avant de terminer sur une touche épicée. La finale, peu amère, a une bonne longueur en bouche. Cette bière forte et ronde vieillira parfaitement plusieurs années en cave. On la boit entre 10 et 12 °C, à l'apéritif, mais aussi avec du gibier, une viande rouge en sauce ou des desserts au chocolat.

Bières néerlandaises

LA TRAPPE
DUBBEL

Brasseur : **Abbaye Notre-Dame de Koningshoeven [Berkel-Enschet]**

Catégorie : **trappiste**

Alcool : 7 %

Le nom « La Trappe » vient de l'abbaye française Notre-Dame de la Grande Trappe, en Normandie. En 1881, des moines trappistes français trouvèrent refuge dans la ferme (une « Koningshoeven » ou ferme du roi) où est actuellement située l'abbaye. En 1884, la brasserie fut créée pour procurer une source de revenus, qui permit la construction d'une véritable abbaye en 1894. Aujourd'hui encore, la brasserie figure parmi les onze établissements au monde à pouvoir utiliser le label ATP (Authentic Trappist Product).

La première abbaye trappiste néerlandaise propose une bière claire et voilée de couleur brune avec des reflets rouges, surmontée d'une mousse beige fine et crémeuse. Au nez, le fruité-sucré des raisins secs domine, mais on identifie également des notes de caramel et de vanille ainsi que l'amertume du café et du chocolat grillé. En bouche, on trouve le goût prononcé du malt et du caramel, ainsi que de subtils arômes de datte et de miel, vite remplacés par l'amertume du café. Celui-ci laisse finalement place à celle du cacao pour une finale plutôt douce.

Pour en apprécier toutes les nuances et les saveurs, il est conseillé de servir La Trappe Dubbel à une température d'environ 10 °C.

La Trappe
La Trappe
TRAPPIST
Dubbel

LICHT & LUSTIG

Brasseur : **Brasserie de Molen (Bodegraven)**
Catégorie : **pale ale**
Alcool : 4,5 %

La brasserie de Molen est installée dans un pittoresque moulin à vent datant de 1697. C'est aussi une distillerie et un restaurant, avec une boutique proposant des bières artisanales de toutes provenances.
Sa robe d'or est trouble et sa mousse peu abondante, mais ses arômes de fruits de la Passion, pamplemousse, orange et melon sont irrésistibles. À la dégustation, on sent d'abord les saveurs d'agrumes (pamplemousse et zeste d'orange), avant que la base maltée s'impose. La finale est sèche et amère. Voilà une belle bière de soif, légère et désaltérante avec du caractère. Idéale à l'apéritif, elle accompagnera aussi une salade, un poisson blanc ou du fromage. Les amateurs d'amertume modérée, et les autres, l'apprécieront entre 6 et 8 °C.

SAISON EMELISSE

Brasseur : **Brasserie Emelisse (Kamperland)**
Catégorie : **saison**
Alcool : 4,6 %

La brasserie Emelisse, qui est située sur une île au nord des Pays-Bas, fait aussi hôtel et restaurant. Elle est réputée pour ses bières de qualité aux recettes innovantes.
Dotée d'une robe claire aux reflets d'or et d'une haute tête de mousse blanche, la Saison Emelisse sécrète des parfums d'agrumes que complètent des notes de levures et d'épices. La saveur sucrée des malts enrobe les papilles, ensuite réveillées par l'éclat acide des agrumes (pamplemousse et citron) et quelques accents de levures sauvages. Ceux qui aiment les bières rafraîchissantes et légères en alcool raffoleront de ses accords acidulés. On la savoure à une terrasse ou lors d'un barbecue entre amis, avec une salade, de la volaille ou un poisson blanc. Elle est parfaite aux alentours de 5 °C.

VIVA EL RYE

Brasseur : **Brasserie Jopen (Haarlem)**
Catégorie : **IPA**
Alcool : **7 %**

On appréciera le jeu de mots entre « Vive le roi » et « Vive le seigle (*rye* en anglais) », cette bière ayant été brassée spécialement pour le 50e anniversaire du roi Willem-Alexander des Pays-Bas.
La robe, presque orange, est brumeuse et la mousse blanche relativement abondante. Au nez, cette bière exhale des arômes de citrus, d'herbes et d'épices. Le palais se régale de la belle amertume de fruits tropicaux, un peu résineuse avec des notes citronnées données par les houblons Sorachi Ace et El Dorado. En arrière-bouche, on sent une petite saveur épicée de seigle avant une finale longue et amère. Servie entre 6 et 8 °C, elle est l'amie des apéros gourmands, mais fait aussi bonne figure avec de la volaille, des poissons gras, des plats épicés ou des fromages jeunes et crémeux.

ZUNDERT

Brasseur : **Brasserie trappiste de Kievit, Abbaye Maria Toevlucht (Zundert)**
Catégorie : **trappiste**
Alcool : **8 %**

La Zundert est l'une des 11 bières trappistes au monde. Fabriquée par les moines dans leur salle de brassage attenante à l'abbaye, elle a reçu en 2013 le droit d'arborer le logo « Authentic Trappist Product ».
La Zundert est foncée, brumeuse, dotée d'une belle effervescence et de fines bulles, sous une haute tête de mousse ivoire. Elle fleure bon le malt, le caramel et les fruits. En bouche, elle déploie des saveurs florales et fruitées avec des notes de caramel, de levure et de malt, avant une finale douce d'une plaisante amertume. Elle séduira les amateurs de bières rondes qui la dégusteront sur une viande grillée ou un fromage fort. La Zundert révèle toute sa richesse aromatique entre 8 et 12 °C.

LA BIÈRE EN EUROPE ET DANS LE MONDE

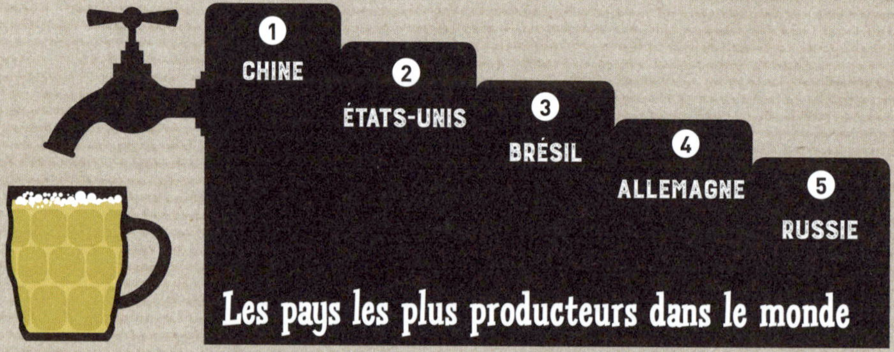

Les chiffres en Europe (Production de bières, en million d'hectolitres, en 2014) :

1. *Allemagne* : 95 MH
2. *Royaume-Uni* : 41 MH
3. *Pologne* : 40 MH

…

8. *France* : 17 MH.

Consommation de bières par habitant en 2014

République tchèque : 144 litres

Allemagne : 107 litres

Autriche : 104 litres

France : 30 litres

Nombre de brasseries en activité en 2014

1. **ROYAUME-UNI : 1700**
2. **ALLEMAGNE : 1350**
3. **FRANCE : 663** (on dénombre fin 2016 près de 1000 brasseries)

Emplois directs (personnel travaillant dans les brasseries)

1. *Allemagne :* 26 800
2. *Royaume Uni :* 18 000
3. *Pologne :* 16 000

...

11. *France :* 3900

Pour comparer, on recense 142 000 viticulteurs et 558 000 acteurs directs et indirects dans le secteur du vin.

Pays européens importateurs :

1. Royaume-Uni
2. France
3. Allemagne
4. Italie
5. Espagne
6. Pays-Bas
7. Irlande
8. Suisse
9. Slovaquie
10. Belgique

KOŹLAK

Brasseur : **Brasserie Amber (Bielkówko)**
Catégorie : **bock**
Alcool : 6,5 %

Créée en 1994, Amber est l'une des brasseries les plus modernes de Pologne, mais elle perpétue avec brio les ancestrales traditions brassicoles de la région. La Koźlak, considérée comme l'une des meilleures bières polonaises, a de quoi séduire. Il émane de sa robe rubis translucide et de sa mousse blanche un mélange subtil et complexe d'arômes où se distinguent le caramel, les céréales, le chocolat et la framboise. En bouche, on découvre d'abord des saveurs de caramel et de houblon, avant le déploiement des riches flaveurs de mélasse, suivies des arômes fruités de prune et de figue. La finition procure une sensation gourmande et légèrement amère. Cette brune, un peu forte et ronde en bouche, se déguste entre 12 et 14 °C pour révéler sa richesse aromatique.

PHANTOM

Brasseur : Brasserie Kingpin (Poznań)
Catégorie : blanche (IPA)
Alcool : 6,5 %

Cette jeune brasserie, fondée en 2014, s'est donné pour mission de casser les codes. La recherche de qualité, l'indépendance et l'audace sont leurs mots d'ordre.
Une volonté que l'on retrouve dans cette blanche brassée avec des feuilles de limier kaffir, un arbre thaïlandais dont les feuilles développent des arômes d'agrumes intenses sans acidité. Au nez, on reconnaît les parfums d'une blanche IPA qui laissent deviner l'utilisation de houblons américains par des arômes d'agrumes comme le pamplemousse et le citron vert. C'est confirmé en bouche par une amertume aux saveurs de fruits tropicaux, accompagnée d'un caractère légèrement épicé comme de la coriandre. L'amertume n'est pas persistante, mais la finale est longue sur les agrumes. À savourer entre 8 à 10 °C à l'apéritif ou pour accompagner poissons et crustacés.

RACIBORSKIE RŻNIĘTE

Brasseur : Brasserie Zamkowy (Racibórz)
Catégorie : lager
Alcool : 4,8 %

C'est Albrecht Frederick de Habsbourg, prince impérial et archiduc d'Autriche, qui a fait construire la brasserie Zamkowy en 1846. Elle produit cette bière brune presque ambrée, avec des reflets cuivrés et de fines bulles, que couronne une mousse beige. Au nez, elle offre des arômes de céréales torréfiées suivis de parfums d'herbes. Au palais, on retrouve ces mêmes saveurs de céréales rôties, mêlées à la légère amertume des notes d'herbe qui évoluent vers une sensation de sécheresse et une finale courte, plutôt désaltérante. Elle plaira à tous, sauf aux amateurs de forte amertume et d'acidité. Accompagnez-la de grillades ou d'une viande rouge en sauce, et servez-la entre 6 et 8 °C pour en exalter les saveurs.

THE ALCHEMIST

Brasseur : Brasserie Brokreacja (Cracovie)
Catégorie : IPA
Alcool : 6,4 %

Brokreacja est une jeune brasserie, créée en 2015, qui illustre bien ce renouveau de la bière polonaise, marqué par la recherche de goûts différents et moins classiques. L'Alchemist, qui dévoile une robe dorée, un peu trouble, parée d'une fine mousse blanche, enchante par ses arômes d'agrumes, de fruits tropicaux, de caramel et d'herbes. En bouche, on sent d'abord les agrumes, notamment le pamplemousse, les herbes, puis des notes douces de caramel et de mangue. La finale est longue et assez amère. Les fans d'IPA et de houblons américains apprécieront ce délicat équilibre entre amertume et douceur. L'Alchemist tient tête à des plats épicés et dévoile ses mystères entre 6 et 8 °C.

ŻYWIEC

Brasseur : Brasserie Żywiec (Żywiec)
Catégorie : pils
Alcool : 5,6 %

Créée en 1856, la brasserie est la plus ancienne de Pologne. Sa bière emblématique est aujourd'hui une institution. De couleur or pâle, claire et lumineuse grâce à l'eau de source pure et limpide qui vient des montagnes au-dessus de la ville, elle est surmontée d'une mousse blanche. On perçoit des arômes puissants de céréales accompagnés de houblon floral et d'herbe avec de subtiles notes de fruits. C'est une bière légère et rafraîchissante qui sera parfaite en terrasse ou pour accompagner les barbecues du printemps et de l'été en remplacement du rosé. Elle se consomme très fraîche dès sa sortie du réfrigérateur, entre 5 et 7 °C.

Bières suédoises

ARZACHEL

Brasseur : **Brasserie Omnipollo (Stockholm)**
Catégorie : **IPA**
Alcool : **3,5 %**

Henok Fentie et Karl Grandin sont des brasseurs itinérants. Ils élaborent et testent leurs recettes « *at home* » puis voyagent pour confier la réalisation de leurs bières à différentes brasseries. Jeune artiste branché, Grandin conçoit le design très coloré des étiquettes.
Parée d'une volumineuse mousse blanche, cette blonde à la robe jaune paille, légèrement trouble, dévoile des parfums herbacés et fruités de pêche avec des effluves de houblon typiques d'une IPA. Ces mêmes notes fruitées s'épanouissent doucement en bouche, sur des accords d'agrumes et de fruits tropicaux, avant une finale amère et sèche. L'Arzachel allie puissance aromatique et faible taux d'alcool, l'idéal pour se rafraîchir l'été, surtout si on la sert entre 4 et 6 °C.

ETERNAL DARKNESS #126

Brasseur : **Brasserie Beerbliotek (Gothenburg)**
Catégorie : **imperial stout**
Alcool : **11 %**

Cette brasserie, créée en 2012, a été élue Meilleure Nouvelle Brasserie un an plus tard, et son Eternal Darkness déclarée Meilleur Imperial Porter au festival de Göteborg en 2015 !
Aussi sombre que son nom, cette brune arbore une robe d'un noir opaque parée d'une fine mousse couleur café. Il en émane d'enivrants arômes de fumé et de torréfié relevés d'une légère touche d'alcool. En bouche, on est envoûté par les saveurs de chocolat et de café qui montent doucement sans s'imposer. La sensation d'alcool est moins présente qu'au nez, et la finale est longue sur le torréfié et la gourmandise du chocolat. À savourer toute l'année ou pour se réchauffer l'hiver ! Cette brune capiteuse se boit entre 10 et 14 °C. Bon digestif, elle se dégustera aussi avec une glace à la vanille de Madagascar.

MANGO
HALLON FEBER

Brasseur : Brewski (Helsingborg)
Catégorie : pale ale
Alcool : 5,5 %

Brewski, bibine en suédois, est une microbrasserie créée par un groupe d'amis, Marcus, Lucas, Robin, Alfred et John. Leur patte : des bières créatives souvent fruitées.
En témoigne cette jolie blonde brassée avec des mangues et des framboises. Une belle réussite qui fleure le houblon, les fruits tropicaux, la mangue, la framboise et le pamplemousse. En bouche, on retrouve la saveur typique des IPA accompagnée des arômes doux et fruités de mangue, de framboise, de pêche, de fruits tropicaux et de pamplemousse. La finale est sèche, amère et fruitée. Servie entre 8 et 10 °C, elle est idéale à l'apéritif avec du cheddar jeune ou au cours du repas avec une viande blanche ou une volaille.

2 CILINDRI

Brasseur : Brasserie del Forte [Pietrasanta]
Catégorie : porter
Alcool : 5 %

Prototype des moteurs à explosion actuels, le « deux cylindres » a changé notre conception du mouvement, comme la 2 Cilindri entend changer notre conception des bières brunes. C'est du moins l'argument publicitaire de la brasserie ! La robe de cette porter, noire comme l'huile de moteur, a des reflets acajou et sa mousse beige est compacte. Des arômes torréfiés de café, chocolat et fumée, suivis d'une note fruitée, montent du verre. Fluide et lisse en bouche, elle révèle des saveurs corsées de moka et de cacao finissant sur une pointe de réglisse. Brassée dans les règles, cette porter légère et facile à boire ne manque pas de caractère. On la dégustera entre 8 et 12 °C, avec un fromage fumé, une viande ou un poisson grillés, mais elle se marie aussi avec des desserts au chocolat, au café ou des châtaignes.

DIECI (10)

Brasseur : Brasserie Bruton [Lucca]
Catégorie : barley wine
Alcool : 10 %

La brasserie Bruton réinterprète des styles de bière de qualité en respectant leur caractère, tout en y apportant une touche très personnelle pour en faire des créations uniques.
Une robe presque brune, pas de bulles et une fine mousse couleur chamois peu persistante, voilà pour l'aspect. Le bouquet est corsé et gourmand : arômes de cacao et de céréales rôties sur de légers effluves d'alcool. En bouche, elle charme par de chaudes saveurs chocolatées, teintées de céréales, qui ramènent en enfance. La finale se fait longue sur des notes de chocolat amer. Inspirée du style trappiste, cette Dieci séduira les amateurs de bières fortes, type quadruple. On la déguste tranquillement, en digestif, à une température de 10 à 12 °C.

DUCK

Brasseur : **Brasserie L'Olmaïa (Sant'Albino)**
Catégorie : **ale**
Alcool : 8 %

Installée en 2004 dans une belle ferme du Val d'Orcia, la brasserie s'est ensuite transportée à Sant'Albino, près de Montepulciano, pour ouvrir un magasin de vente au public.

La Duck, brune à la robe cuivrée et à la mousse abondante, était à l'origine une bière de Noël. Les brasseurs ont légèrement modifié la recette, mais gardé les levures belges, pour la produire toute l'année. Au nez, elle dégage des arômes épicés avec des notes de caramel, de houblon et une senteur de pain. En bouche, les flaveurs amères et poivrées dominent sur un fond fruité de banane et d'orange, avant une finition longue et intense. On l'aime pour son goût épicé et ses saveurs de houblon qui se révèlent entre 10 et 12 °C. Cette bière charpentée accompagne à merveille viandes rouges et ragoûts.

OPEN ROCK'N'ROLL

Brasseur : **Brasserie Baladin (Farigliano)**
Catégorie : **pale ale**
Alcool : 7,5 %

La brasserie Baladin, créée en 1996, produit ses propres malts et houblons, c'est une originalité dans le monde de la bière. Sa pale ale doit sûrement son petit côté rock'n'roll au poivre avec lequel elle est brassée. D'une belle couleur dorée, un peu trouble, avec une haute tête de mousse blanche, cette blonde, riche en fines bulles, fait montre d'une belle effervescence. Elle répand des arômes de malt et d'épices (gingembre), dopés d'une pointe de caramel et de houblon. Au palais, on retrouve avec plaisir le malt caramélisé et le gingembre, enrichis de notes de pin, de fruits tropicaux et d'agrumes par les houblons. Cette bière rock se boit aux alentours de 8 à 10 °C, pour étancher la soif ou pour accompagner saumon froid et fromage.

RE HOP

Brasseur : Brasserie Toccalmatto (Fidenza)
Catégorie : pale ale
Alcool : 5 %

Ce roi houblon, Re Hop dans le texte, fait la part belle aux houblons Cascade et Saaz. Paré d'une robe dorée et d'une mousse crémeuse et persistante, il répand des senteurs d'agrumes, surtout de pamplemousse et d'orange, suivies d'un léger parfum floral. À peine a-t-on eu le temps de goûter la saveur du malt biscuité, que surgissent déjà les notes de pamplemousse et d'orange rappelant le bouquet. En finale, l'amertume intense et persistante se teinte de zeste de pamplemousse et d'une touche résineuse. C'est une bière facile à boire et astringente qui peut accompagner guacamole, pizza, hamburger, fromages doux ou même des crêpes au sucre, à une température de service comprise entre 6 et 8 °C.

ROBB DE MATT

Brasseur : Brasserie Lambrate (Milan)
Catégorie : pale ale
Alcool : 5,5 %

Robb de Matt, pour *roba da matti*, expression signifiant à peu près « truc de ouf » en dialecte milanais ! Il est vrai que cette *rye* APA (IPA aux houblons américains) brassée avec du seigle *(rye)* a de quoi surprendre. La robe est légèrement trouble, pleine de fines bulles, la mousse légère, et l'arôme houblonné avec des senteurs de fruits et d'agrumes (pêche et pamplemousse rose) et un petit retour de grains fermentés. En bouche, l'attaque est amère et un peu maltée avec des houblons tirant vers l'agrume, avant d'évoluer vers des flaveurs herbacées et épicées, arrondies par un léger goût biscuité. La finale est sèche avec une plaisante note amère. Complexe et savoureuse, la Robb de Matt séduira l'amateur de houblons américains. Parfaite à l'apéritif avec des antipasti, on la boit entre 6 et 8 °C.

TRE FONTANE
TRIPEL

Brasseur : **Abbaye de Tre Fontane (Rome)**
Catégorie : **trappiste**
Alcool : 8,5 %

Dernière trappiste homologuée (en 2015), la seule en Italie, cette blonde couleur or intense étonne par son caractère herbacé. Non filtrée, elle bénéficie d'une belle effervescence, sa mousse est blanche et dense. Au nez, on a des arômes de plantes, de feuilles d'eucalyptus, de levures, d'herbes et d'épices. En bouche, on est séduit par l'arrière-goût légèrement sucré d'eucalyptus qui nettoie et rafraîchit le palais. Un corps bien rond avec des saveurs épicées et herbacées suivies par des notes de levure belge. La finale est sèche et agréable. Il faut la déguster entre 8 et 12 °C, pour pouvoir profiter de ses arômes, avec une viande grillée et, en fin de repas, avec un fromage affiné.

ARRAUN

Brasseur : Basqueland Brewing Project (Gipuzkoa)
Catégorie : amber ale
Alcool : 5 %

Cette jeune brasserie a été créée par trois Américains vivant à San Sebastian, qui ont fait vœu de fabriquer des bières d'aussi bonne qualité que celle de la gastronomie basque. Pari réussi puisqu'en moins de trois ans, ils ont remporté plusieurs prix prestigieux, comme le Brussel Beer Challenge ou encore le Barcelona Beer Challenge.
L'Arraun est une jolie bière ambrée qui saura charmer les amateurs de bières typées anglo-saxonnes comme les ales, les pale ales et même les bitters. Au nez, on sent le malt, le caramel et de légères notes fruitées de mangue et de pêche. En bouche, on apprécie l'équilibre entre la sucrosité et l'amertume longue. De légères touches de pin, de fruits et de café viennent clôturer la dégustation. Bière conviviale, on la sert de préférence aux alentours de 9 °C... pour accompagner des tapas, bien sûr !

CAPPRA

Brasseur : Brasserie Boris Brew – Cervezas Arriaca (Guadalajara)
Catégorie : pils India
Alcool : 8,2 %

La Cappra est une bière de style pils, façon IPA, c'est-à-dire de fermentation basse, mais très houblonnée avec un taux élevé d'alcool. Elle n'en reste pas moins facile à boire.
On est séduit par sa robe d'or clair et son onctueuse mousse blanche, comme par ses senteurs d'agrumes et de fruits tropicaux, combinées aux arômes du houblon américain, suivis d'un soupçon de céréales. En bouche, le malt prédomine, même si la saveur de houblon frais est bien présente. La Cappra est forte en alcool, mais elle reste légère, ce qui ne manque pas d'étonner. L'amateur d'IPA et de pale ale sera séduit par cette bière rafraîchissante. Servie entre 6 et 8 °C, elle s'impose en apéritif, mais s'illustre aussi avec une paëlla, des mets frits, épicés, des sandwichs ou des hamburgers.

NINFA

Brasseur : **Brasserie Domus [Tolède]**
Catégorie : **imperial stout**
Alcool : 8,5 %

La Ninfa est née d'une collaboration entre Fernando Campoy, créateur de la Domus, et Boris Mesones, brasseur de Boris Brew. C'est une brune à la robe noire, opaque, dotée d'une fine mousse couleur chocolat, qui exhale des arômes de café torréfié et de fumé avec des notes évoquant le bonbon. On retrouve ces saveurs de café grillé et de fumé au palais, elles se développent sur le torréfié avec une belle longueur en bouche qui reste jusqu'en fin de dégustation. Cette brune de caractère est considérée comme l'un des meilleurs stouts espagnols. Pour en apprécier toutes les intonations, on la sert entre 8 et 12 °C sur une bonne viande grillée ou un pastel de nata.

ONEKA

Brasseur : **Brasserie Naparbier [Noáin]**
Catégorie : **ale**
Alcool : 6,1 %

Fondée en 2009 au Pays basque espagnol, la brasserie Naparbier s'est vite imposée sur la scène internationale en proposant des recettes classiques revisitées. L'Oneka affiche une robe couleur paille et une tête de mousse blanche, peu persistante. Le nez est intrigué par son bouquet complexe, très fruité sur des notes d'agrumes, de pomme et d'encens. En bouche, on sent toujours la forte présence des agrumes, mais équilibrée par des saveurs de céréales évoluant vers une amertume sèche et une discrète note d'épices. Peu amère et facile à boire, l'Oneka se sert entre 4 et 7 °C. On la déguste en solo ou avec des œufs brouillés à la bière sauvage.

DOPPELBOCK BY PEDRO SOUSA

Brasseur : Brasserie Post Scriptum (Trofa)
Catégorie : doppelbock
Alcool : 8,5 %

Pedro de Sousa a passé la moitié de sa vie (il a 34 ans !) à brasser des bières maison, avant de pouvoir enfin ouvrir sa brasserie en 2014. Il propose ici une magnifique doppelbock, dans le style des bières allemandes avec un goût qui rappelle les barley wines.
La robe d'or roux est limpide, légèrement pétillante, surmontée d'une mousse blanche et fine. Elle fleure bon le malt d'orge, relevé de notes de raisin et de boisé. L'attaque en bouche est sucrée et vineuse avec des saveurs de bois et de fruits du verger. La finale est longue et tout en douceur. Cette doppelbock corsée et fruitée se dégustera, entre 7 et 10 °C, avec un magret de canard au miel et vinaigre de Xérès ou un bon chèvre frais.

LETTRA D

Brasseur : Brasserie artisanale Minhota (Vila Verde)
Catégorie : red ale
Alcool : 6 %

La brasserie est en partenariat avec l'université de Minho, ce qui lui permet de développer des bières originales à la qualité constamment contrôlée.
La robe de la Lettra D est cuivrée, presque orange, limpide avec une légère pétillance et une fine mousse blanche. Son bouquet séduit en douceur par ses arômes de miel, de céréales et d'épices, alors que les agrumes, notamment l'orange amère, dominent dès l'entrée en bouche avec une franche amertume. Cette sensation est ensuite amortie par les saveurs de céréales rôties, avant une finale douce et longue. Pour mieux apprécier ses flaveurs céréalières teintées d'agrumes, on la dégustera entre 6 et 8 °C. Rafraîchissante à l'apéritif avec des tapas, elle est de force à résister à des plats épicés.

METROPOLITAN

Brasseur : **Brasserie Dois Corvos (Lisbonne)**
Catégorie : **pale ale**
Alcool : 5,6 %

Le nom Metropolitan est un clin d'œil moqueur à ceux qui pensent que la bière artisanale est un truc de gens sophistiqués – ce que ne pensent évidemment pas les brasseurs. La brasserie, dont le nom « 2 corbeaux » est une référence au symbole de la ville, produit une vingtaine de bières artisanales.

Ambrée assez opaque, la robe est coiffée d'une mousse blanche aux reflets jaunes, très généreuse, de laquelle se dégagent des arômes de houblon sur le pin et d'agrumes avec, en arrière-plan, des parfums de malt doux et de pain. À la dégustation, on reconnaît le style des pale ales amères américaines : c'est l'amertume fruitée qui l'emporte avec des pointes épicées. On reste sur des amers épicés, secs et persistants. Les amateurs d'amertume sauront l'apprécier, entre 9 et 10 °C à l'apéritif avec de la charcuterie ou lors d'un repas un peu épicé.

ZAGAIA

Brasseur : **Brasserie Mean Sardine (Mafra)**
Catégorie : **double**
Alcool : 6 %

La Zagaia est une brune à la robe cuivrée et brumeuse, coiffée d'une fine écume de mousse beige. Elle distille des arômes de malts, de caramel, de fruits, notamment raisins et pruneaux, et d'épices. En bouche, on retrouve les saveurs de caramel des malts et la présence d'esters fruités. La finale se révèle un peu amère avec des notes de pin et une légère chaleur d'alcool. La Zagaia rappelle les doubles belges pour la douceur, l'équilibre et la sensation huileuse en bouche. On appréciera sa richesse aromatique en la servant entre 8 et 11 °C. Pour l'accorder avec des mets, pensez aux viandes grillées, mijotées et rôties, au fromage, au tiramisu ou au gâteau au chocolat.

3 IDÉES DE RECETTE POUR CUISINER LA BIÈRE

1 Vinaigrette à la bière

Vous pouvez utiliser cette vinaigrette dans de nombreuses salades, mais elle se marie particulièrement bien avec des endives et des pommes golden.

Préparation : **5 min**

1 c. à café de moutarde • 2 c. à soupe de gueuze • 4 c. à soupe d'huile • sel et poivre

Dans un bol, mélangez la moutarde et la bière. Versez l'huile sans cesser de mélanger. Salez et poivrez à votre goût.

2 Glace à la bière brune

Pour **4 personnes** Préparation : **20 min** Cuisson : **20 min** Congélation : **9 h**

50 cl de bière brune style imperial stout • 1 l de lait entier • 6 jaunes d'œufs • 125 g de sucre

Dans une petite casserole, faites réduire la bière aux 2/3. À part, chauffez le lait. Pendant ce temps, faites blanchir les jaunes d'œufs avec le sucre. Versez le lait bouillant doucement dessus sans cesser de remuer. Remettez le tout à feu doux, en remuant régulièrement jusqu'à ce que la crème nappe parfaitement la cuillère. Incorporez la bière et remuez longuement.

Quand le mélange est froid, versez-le dans une turbine à glace et lancez le programme pour obtenir une glace onctueuse.

Si vous n'avez pas de turbine à glace, mettez le mélange dans un bac en plastique au congélateur. Toutes les 3 h, sortez la boîte et fouettez vigoureusement avant de remettre au congélateur. Procédez ainsi 3 fois.

Carbonnade flamande

On peut préparer cette recette un ou deux jours à l'avance, et la faire mijoter en deux fois (1 h 30 à 2 h à chaque fois).

Pour **4 personnes** Préparation : **25 min** Cuisson : **3 h 30** environ

1 kg de bœuf maigre à braiser (paleron, gîte, hampe, etc.) • 400 g d'oignons
250 g de lard fumé entier • 1 à 2 c. à soupe de cassonade • 1 bouquet garni
1 l de bière brune ou ambrée (Rodenbach ou Liefman's Goudenband, par exemple) • 5 à 7 tranches de pain d'épices • beurre • moutarde
sel de Guérande

Coupez la viande en cubes de 2 à 3 cm de côté. Taillez grossièrement les oignons et coupez le lard en gros lardons. Faites fondre 1 noix de beurre et faites suer les oignons 10 min à couvert et à feu doux. Ajoutez le lard en augmentant légèrement le feu, puis remuez régulièrement en essayant de garder à couvert le plus possible. Une fois le lard bien rose, retirez le tout (sauf le jus) et réservez dans un plat.

Montez le feu au maximum et mettez la viande dans une cocotte en Inox ou en fonte émaillée, mélangez régulièrement (sans couvrir). La viande doit se colorer de tous les côtés, elle va finir par rendre pas mal de jus. Retirez la cocotte du feu, mettez la viande dans un plat en conservant le jus dans la cocotte.

Diluez la cassonade dans le jus de viande et faites réduire de moitié à feu vif. Baissez le feu au minimum et ajoutez les lardons en mélangeant bien. Incorporez la viande. Ajoutez le bouquet garni et recouvrez de bière (entre 80 cl et 1 l), salez très légèrement.

Recouvrez délicatement toute la surface de pain d'épices tartiné de moutarde. Laissez mijoter à couvert 3 h sans remuer, jusqu'à ce que le pain d'épices soit fondu. Pensez à retirer le bouquet garni après 1 ou 2 h maximum. En cours de cuisson, rectifiez l'assaisonnement si besoin.

Si après 3 h, le jus est encore trop liquide, laissez mijoter en laissant le couvercle en partie ouvert. La sauce doit être légèrement collante en surface, mais bien liquide en dessous et ne doit surtout pas brûler au fond.

Bière suisse

SAISON CHAMPÊTRE

Brasseur : **Brasserie des Franches Montagnes (Saignelégier)**

Catégorie : **saison**

Alcool : **6,2 %**

C'est en 1997, lors de l'émission « Le rêve de vos 20 ans », que Jérôme Rebetez gagne les 50 000 francs suisses qui vont lui permettre de créer La brasserie des Franches Montagnes. Il souhaite créer une bière artisanale qui explore les saveurs du vin et du whisky. La saison champêtre est née de « l'assemblage d'un levain explosif des Franches Montagnes, de foin d'alpage bravement volé à un taureau peu complaisant, et d'orties aussi peu coopératives que le taureau », elle est brassée en collaboration avec la brasserie suisse La Nébuleuse.

Dorée et limpide, elle est pétillante et surmontée d'une mousse blanche et aérée. Au nez, on est séduit par des arômes d'herbes, de raisins et de fleurs. À la dégustation, on apprécie les goûts de foin, d'herbes, d'agrumes, et une acidité maîtrisée. On trouve une belle longueur en bouche, avec un équilibre entre amertume et acidité. À apprécier au printemps et en été, entre 8 et 11 °C.

Bière norvégienne

TINDVED

Brasseur : **Brasserie Nogne ø (Grimstad)**

Catégorie : **sour**

Alcool : **7 %**

Dans une autre vie, Kjetil Jikiun était pilote de ligne. De ses voyages, il avait l'habitude de rapporter des bières et des matières premières en rêvant qu'un jour lui aussi brasserait sa bière. Ce sera chose faite en 2002. Il a aujourd'hui quitté la brasserie qu'il a fondée, mais il en est toujours actionnaire.

Cette Tindved est brassée avec du jus d'argousier qui lui donne une pointe d'acidité. Les arômes qui s'échappent de sa belle robe dorée aux reflets orangés sont doux et acidulés, on reconnaît le citron et le citron vert, le caramel, le malt et la levure naturelle. Les saveurs donnent une sensation trompeuse de rondeur fruitée, mais l'acidité, bien que modérée, est présente. C'est très sec et râpeux sur la langue avec une petite note d'amertume en arrière-bouche. Une bière magnifique de complexité, fruitée et rafraîchissante. Elle est appréciée entre 8 et 10 °C à l'apéritif ou pour accompagner une entrée, du saumon fumé ou des huîtres, par exemple.

Bière danoise

THAGAARD

Brasseur : Brasserie Thisted Bryghus (Thisted)
Catégorie : ale
Alcool : 5,8 %

La Thagaard est aromatisée avec des feuilles de bouleau et d'autres plantes qui sont ramassées, en début d'été, à proximité d'un lac de la région. C'est ce qui lui confère les parfums si particuliers de feuilles vertes, de fleurs et de sous-bois qui émanent de son abondante mousse blanche et de sa robe ambrée. Au palais, la saveur est douce, suivie d'une petite acidité avec des notes de pomme. Des fragrances herbacées se développent en arrière-bouche, avant une légère amertume finale. La recette ne comporte pas de houblon, mais uniquement des ingrédients originaux comme le bouleau, l'épinette ou le pin. C'est une bière légère, acide et désaltérante qu'on boit aux beaux jours, à une température de 6 à 8 °C.

Bière argentine

QUILMES

Brasseur : Brasserie Quilmes (Quilmes)
Catégorie : lager
Alcool : 4,9 %

Créée en 1890 par Otto Bemberg, un immigrant allemand nostalgique des bières de son pays, Quilmes fait référence à l'ancien nom indien du lieu où était située la brasserie. Elle devient la bière la plus populaire de Buenos Aires dans les années 1920 et est maintenant connue dans le monde entier. C'était la bière que buvait Angel Parra, chanteur guitariste et écrivain chilien qui vivait en face de la boutique. D'une couleur jaune pâle translucide, elle est surmontée d'une fine mousse blanche, et offre un parfait équilibre entre le corps, la douceur et l'amertume. On sent les saveurs fraîches des céréales, des houblons aromatiques floraux et du citron. La finale est fraîche, désaltérante et pétillante, sans longueur d'amertume. Elle se prête parfaitement à un apéritif estival ou à un repas léger et frais entre amis. Comme toutes les bières de ce style, elle se déguste bien fraîche, entre 4 et 6 °C.

Bière mexicaine

IMMORTAL BELOVED, DAY OF THE DEAD

Brasseur : Brasserie Mexicana (Tecate)
Catégorie : weisse
Alcool : 5,5 %

L'Immortal Beloved fait partie d'une gamme commercialisée par la brasserie pour célébrer la Fête des morts (Day of the Dead), très populaire au Mexique. Elle propose aussi une IPA « Hop or die » et une pale ale « Queen of the night ». L'immortelle bien-aimée est une weisse de couleur cuivre, à la généreuse mousse blanche, caractérisée par des arômes de banane, de clou de girofle et de caramel. En bouche, elle présente la texture crémeuse des bières de blé. Quant au goût de banane, clou de girofle et soupçon de poivre, il est typique d'une weissbier. La finale est douce et savoureuse. On profitera pleinement de ses arômes en la dégustant aux alentours de 6 à 8 °C, seule ou pour accompagner un poulet rôti, des saucisses grillées ou un chèvre.

Bière russe

IVAN KOZHEDUB

Brasseur : Brasserie Victory Art (Moscou)
Catégorie : imperial russian stout
Alcool : 13 %

On connaît mal les bières russes en France et encore moins l'imperial stout, autrefois brassée en Angleterre pour la cour de Russie. Cette bière, qui porte le nom d'un pilote de la Seconde Guerre mondiale, a de quoi séduire les amateurs de brunes fortes en alcool. La robe est noire, sans bulles, un peu grasse au verre, avec une fine mousse beige foncé qui retombe vite. Les arômes sont puissants, café torréfié et légère note fumée, dans le style des stouts. En bouche, l'attaque est franche sur le grillé, suivie de saveurs de café et d'une pointe de fumé. On sent bien l'alcool, sans que son goût s'impose. La texture est liquoreuse, la finale est courte sur les saveurs, mais la chaleur de l'alcool persiste dans la gorge. À déguster entre 8 et 14 °C, pour se réchauffer l'hiver ou en digestif.

Bière japonaise

HITACHINO RED RICE

Brasseur : **Brasserie Kiuchi (Ibaraki)**

Catégorie : **ale**

Alcool : 7 %

Originale et complexe, la Hitachino Red Rice n'en demeure pas moins très légère, grâce à l'utilisation d'une variété ancienne de riz rouge Azamurasaki, et plaira aux personnes en recherche de nouvelles saveurs. Sa robe ambrée tirant sur le rose ainsi que sa fine mousse blanc cassé et crémeuse la rendent très agréable à l'œil. Dans un premier temps, on ressent légèrement le houblon, qui laisse ensuite place à des saveurs maltées très douces. Celles-ci, dues à l'utilisation du riz, s'accompagnent de notes caramélisées, et de saveurs de fruits rouges comme la fraise. En fin de bouche, le houblon aromatique revient et donne une pointe d'astringence ainsi qu'une belle longueur. Délicieuse à l'apéritif, elle peut également accompagner un repas, se mariant parfaitement aux viandes blanches grillées, aux salades et aux desserts. On conseille de la servir entre 8 et 9 °C.

Bière australienne

COOPERS BEST EXTRA STOUT

Brasseur : **Brasserie Coopers (Adélaïde)**

Catégorie : **stout**

Alcool : 6,3 %

Créée en 1862, Coopers est la plus ancienne brasserie australienne et a su conserver ses techniques ancestrales jusqu'à aujourd'hui. Les amateurs de stout seront séduits par sa robe noire quasi opaque et sa belle mousse brune abondante et persistante. On ressent dans un premier temps les parfums de noisette grillée et de malt torréfié, puis ceux de chocolat et enfin celui plus léger de fruit. En bouche, c'est le café qui titille les papilles avec une amertume bien présente et maîtrisée. Elle est fluide et tout en légèreté avec des notes boisées en arrière-goût. En fin de bouche, on continuera à apprécier sa fine amertume. Elle s'impose évidemment à l'apéritif, mais accompagne de façon tout à fait pertinente les ragoûts, viandes rouges et desserts, grâce à son caractère. Dégustez-la à 8 °C.

INDEX

Pilsner Urquell
GAULOISE
KILKENNY
IRISH BEER
CHIMAY
Franziskaner
Weissbier

82
Queue de Charrue
Ploegsteert
Rodenbach
Bootlegger
Duvel

Remerciements

Je remercie mon mari Pierre de m'avoir accompagnée et soutenue dans ce projet.

Mes parents, car sans eux la boutique n'existerait pas, et Christian de m'avoir formée.

Mes amis, Nicolas et Hubert de la brasserie La Bouledogue pour m'avoir prodigué leurs conseils ; les brasseuses et Élisabeth du Club Bierissima pour leurs bières et leur soutien ; Anne et Tom pour m'avoir fournie en bières de leur région.

Je remercie aussi Dorothée Van Agt, et les personnes sans lesquelles cet ouvrage ne se serait pas réalisé : Marie-Laure, Alix, Isabelle, Ghislaine, Émilie et Alice.

Ainsi que feu Michael Jackson, le « chasseur de bières », écrivain britannique reconnu pour ses ouvrages sur la bière et le whisky, qui reste ma référence.

Crédits photographiques : p. 148-149 © DR ; p. 251 © Aimery Chemin.

Direction de la publication : Isabelle Jeuge-Maynart et Ghislaine Stora
Direction éditoriale : Émilie Franc
Édition : Alice Dauphin assistée d'Alice Delbarre
Couverture : Aurore Elie
Conception graphique : Maëva Lebègue et Bertrand Loquet
Mise en pages : Bertrand Loquet et Laurent Deshayes
Illustrations : Bertrand Loquet
Collaboration rédactionnelle : Marie-Laure Bayle et Marie-Noëlle Pichard
Relecture sur épreuves : Maud Foutieau
Fabrication : Donia Faiz

ISBN : 978-2-03-597395-5
Photogravure : Nord Compo
Imprimé en France par Pollina - 99990
Dépôt légal : octobre 2017
323753/03 – 11048807 - octobre 2021

PAPIER À BASE DE FIBRES CERTIFIÉES

LAROUSSE s'engage pour l'environnement en réduisant l'empreinte carbone de ses livres. Celle de cet exemplaire est de :
2,2 kg éq. CO_2
Rendez-vous sur www.larousse-durable.fr

OPERATION SUR LA GAMME
"BIERE DES SANS CULOTTES"
2 ACHETEES + 1 OFFERTE
SUR LA MEME REFERENCE
PAULANER
ERDINGER
PALM
CRAZY HOPS
Page 24

ABDIJ · ABBAYE
Urthel
SINCE 2000
WWW.URTHEL.COM
REGISTERED TRADEMARK
SUPERIOR
FOUNDED IN
BRAS
DU MONT
Depuis 1830
TIMMER
"The World's Oldest
Blanche · Faro · Framboise · Kriek · Oude Gueuze · Oude Kr
1702
anthonymar
ABBAYE
D'AULNE
FUNDATIS
CISTERCIUM MATER NOSTRA
ANNO 657
BIÈRE BELGE D'ABBAYE
BAPBAP - BRASSÉE À PARIS, BUE À PARIS
bapbap.paris
BIÈRE D'ANTIBES
CÔTE D'AZUR
FARO Lindemans
Vous allez boire ce que vous allez boire.
TRAPPIST
BENN
Engelszell
BRINGING TASTE TO THE NATION
HOBGOBLI
WYCHWOODBREWERY
S.Sixtus
12
8
PAULANER